LUCIANO PAVAROTTI:
UM MESTRE PARA TODOS

Andrea Bocelli

LUCIANO PAVAROTTI: UM MESTRE PARA TODOS
Uma lembrança pessoal

Depoimento recolhido por Giorgio De Martino

Tradução
Joana Angélica d'Avila Melo

Rio de Janeiro | 2014

Copyright © 2013 Arnoldo Mondadori Editore S.p.A., Milano.

Título original: *A Luciano Pavarotti: un maestro per tutti*

Editoração: FA Studio

Texto revisado segundo o novo
Acordo Ortográfico da Língua Portuguesa

2014
Impresso no Brasil
Printed in Brazil

Cip-Brasil. Catalogação na publicação
Sindicato Nacional dos Editores de Livros-RJ.

B64L	Bocelli, Andrea
	Luciano Pavarotti: um mestre para todos / Andrea Bocelli; tradução Joana Angélica D'Avila Melo. — 1. ed. — Rio de Janeiro: Bertrand Brasil, 2014.
	160 p.; 21 cm.
	Tradução de: A Luciano Pavarotti — un maestro per tutti
	ISBN 978-85-286-1955-3
	1. Pavarotti, Luciano, 1935-2007. 2. Tenores (Cantores) — Biografia. I. Título.
14-09797	CDD: 927.821
	CDU: 929:78.067.27

Todos os direitos reservados pela:
EDITORA BERTRAND BRASIL LTDA.
Rua Argentina, 171 — 2º andar — São Cristóvão
20921-380 — Rio de Janeiro — RJ
Tel.: (0xx21) 2585-2070 — Fax: (0xx21) 2585-2087

Não é permitida a reprodução total ou parcial desta obra, por quaisquer meios, sem a prévia autorização por escrito da Editora.

Atendimento e venda direta ao leitor:
mdireto@record.com.br ou (0xx21) 2585-2002

Sumário

I	Uma romã com sabor de açúcar	7
II	Lição de humildade	15
III	Um mestre internacional	27
IV	A dieta faz mal	37
V	Nicoletta e Alice	47
VI	Muitas gotas formam um oceano	55
VII	Estados Unidos, primeiro amor	67
VIII	À mesa com Pavarotti	77
IX	Pavarotti pop	83
X	Nossos mestres	91
XI	A última saudação	99

Apêndice	107
L'elisir d'amore	113
Lucia di Lammermoor	117
La sonnambula	121
La Fille du régiment	127
I puritani	131
Un ballo in maschera	135
Il trovatore	139
Rigoletto	143
Aída	147
La Bohème	153

I

Uma romã com sabor de açúcar

O mito

Seu aperto de mão, seu coração, sua voz: Pavarotti era um gigante, na música e na vida. Até hoje sinto certo embaraço ao me definir como seu amigo... Mesmo assim a imprensa insiste, exige episódios, propõe paralelismos que me fazem enrubescer, estabelece supostas passagens de bastão. Mas não se pode replicar um mito, não se emula um sol com uma tocha.

Agora que não posso telefonar para ele, quando estou em turnê pelo mundo, agora que Nova York me parece fria até no verão, sem uma rua numerada que me permita ir encontrá-lo, agora que — do homem — começa lentamente a desbotar a memória dos detalhes e das nuances (bagagem preciosa das muitas circunstâncias que nos viram juntos, entrelaçando por mais de quinze anos, periodicamente, as nossas vidas), permanece intacta, mais viva do que nunca, a sua voz

E é como em certas dulcíssimas transfigurações mitológicas, naquelas lendas que a Grécia antiga descreveu tão poeticamente: o corpo da ninfa que se torna árvore, ou o herói que dissolve os despojos mortais acendendo uma estrela... Pavarotti está com eles, evaporado da matéria mas inequivocamente presente. Deixado aquele corpo que incessantemente sentia fome de comida, assim como sua inteligência sentia fome de saber, e sua sensibilidade, de beleza e de música, hoje e para sempre Pavarotti habita o ar, onde quer que ressoe a vibração de sua voz, de um trecho interpretado por ele.

Uma voz de ouro puríssimo, uma voz suave mas firme, reconhecível como uma assinatura, uma voz como uma romã recém-cortada, que parece sangue e tem sabor de açúcar. E por trás da voz, por trás de uma dicção nítida e perfeita, que não enfraquecia uma sílaba sequer, para mover-lhe os fios havia uma sensibilidade que não tinha rivais, já que — mesmo não traindo a partitura — imprimia a fogo uma personalidade explosiva. Assim, basta escutar uma semifrase ou mesmo uma só nota, e você pode exclamar com certeza: "É Pavarotti."

Que ele foi de fato meu amigo, acredito. Embora — repito — ao dizer isso eu sinta até hoje algo que desafina, porque ser amigo de um gigante supõe implicitamente (não sem presunção) que a própria estatura seja no mínimo adequada ao interlocutor. Coisa que não creio.

No entanto, amigo é quem se mostra generoso sem fins ocultos, quem lhe diz as coisas — belas ou feias, sem atenuações acomodantes —, quem o faz participante de suas confidências, quem está presente quando você realmente precisa, quem deseja lhe oferecer aquilo que sabe, ensinar-lhe aquilo que aprendeu.

Eu nunca tratei por "você" o amigo e colega Pavarotti, embora muitas vezes ele tenha me pedido que o fizesse. Ele que com frequência, quando seu humor inconstante se amenizava, me chamava "Ciccio" ou "O tenor", com bonomia paternal, com aquela voz que cantava mesmo quando falava, e que, cantando, parecia falar, tão desenvolta era.

O Mestre Pavarotti não tinha estudado em Conservatório, nem obtido o diploma de estudante em algum instituto musical privado. Curioso, o destino: ele era "mestre", é inegável, já que havia obtido um diploma no instituto magisterial, e por toda a vida foi chamado Mestre, porque se destacava — acima de todos — naquela arte da qual não havia tido (nem buscado) uma verificação oficial.

Hoje que me preparo para traçar "em preto no branco" este meu frágil retrato biográfico ditado pela estima e pelo afeto que me ligam a ele, dizer "Luciano" me é muito difícil. Para mim, ele permanece o Mestre.

As contas com Deus

No outono avançado de sua fulgurante aventura existencial, e apesar da violenta e traidora invasão de uma neoplasia no pâncreas, Pavarotti encarou o palco da vida sem hesitações, como grande artista que era. Também isso, além de seu canto, foi um exemplo que guardo dentro de mim.

Otimista até o fim, carregou o câncer como um pesado figurino de cena a envergar, continuando imperturbável a sorrir e fazer planos, a jogar buraco ou a se entregar às brincadeiras infantis com sua queridíssima caçula, a olhar a vida como se esta fosse um melodrama, no qual você morre cantando e depois volta a sorrir, junto com os aplausos, quando a cortina se reabre. A doença? Um último e aborrecido roteiro a seguir, na convincente ficção — e fingindo a convicção — de poder se salvar.

Por sorte e por força, da vida a gente não se salva, e a morte nada mais é do que um efeito colateral a ser acolhido com indulgência. Pavarotti, disso tenho certeza, bem o sabia. Também ele, homem de fé como eu, se preparava para esse passo como para um intervalo que mais cedo ou mais tarde deve ser dado, para uma pausa entre um ato e outro, na penumbra de uma remota coxia teatral escondida, enquanto os técnicos estão montando o cenário que, depois, virá.

Fazendo as contas com Deus, no calvário da doença, mais de uma vez Pavarotti afirmou que, independentemente do que o céu lhe reservasse para o futuro, no fiel da balança, inalterável, havia uma longa e intensa vida feliz: suas contas, portanto, davam como resultado um "empate".

Vívida, uma lembrança de 2007 me volta agora à mente. Como frequentemente acontece, também estou na Big Apple... Nos Estados Unidos encontrei um afeto que honestamente não creio merecer, uma acolhida que a cada vez me deixa espantado e comovido. Também eu, como o Mestre, sinto que aqui estou em minha segunda casa.

Pavarotti, quase obrigado à imobilidade, já está muito doente. Telefono a ele, pergunto se posso ir vê-lo. Junto com minha companheira Veronica, subo até a cobertura a dois passos do Central Park: Hampshire House, no Upper East Side. Encontramos o gigante ferido, emagrecido e de início envolto num torpor que o distancia do mundo. Veronica se afasta junto com a senhora (também chamada Veronica) que cuida atenciosamente dele.

Tento não deixar transparecer minha comoção, tento tratar o Mestre como sempre, mas nada pode contra a força da vida, nem mesmo o câncer, nem mesmo a sedação administrada para silenciar a dor, quando mais uma vez a conversa cai sobre a música, mais uma vez sobre o canto, porque sei que para ele este é o melhor remédio.

As regras do agudo

Eu não era seu aluno, nunca fui, já que ele me considerava um colega. Mas escutei suas longas lições, com a atenção minuciosa e a devoção do estudante. E, pelo que entendi, me convenci de que ele era provavelmente o único a poder se permitir compartilhar ensinamentos com pleno conhecimento de causa.

Luciano Pavarotti se mantém como um exemplo raríssimo de tenor que, dotado de grande qualidade natural, desde a juventude cantou utilizando uma técnica que eu não hesito em definir como perfeita. Em geral, quem possui o dom de uma facilidade de emissão é levado a exagerar, confiando no talento e satisfazendo a excelência que sua verde idade permite; fatalmente, inclina-se a pisar no acelerador da própria voz. Voz que, nos primeiros anos de carreira, conduz à meta, e produz resultados, ainda que se desgaste.

É o meu caso, é o caso de muitos: cantores que, se não tiverem um impulso de humildade para compreender que devem refazer (às vezes, *ex novo*) a própria paleta, acabam deixando os teatros aos 35 anos. Porque na juventude cantamos com aquilo que Deus nos deu, mas, depois, é preciso aprender a cantar. Pavarotti teve a inteligência e a sorte de seguir desde logo o caminho correto, dominando o próprio instrumento, como testemunham certas gravações magistrais, desde o início dos anos 1960. Essa emissão virtuosa e "consciente" lhe permitiu cantar até o fim... Quarenta e cinco anos de carreira, que prosseguiriam sem problemas, se o tumor não lhe tivesse fechado a cortina.

Nos anos 1990, eu chegava aos agudos aparentemente sem nenhuma dificuldade... Mas a técnica que me levava a eles era duvidosa, construída sobre um equívoco que sempre tem sua perigosa lógica aparente: quanto mais forte se quer cantar, mais é necessário forçar. Ao passo que, paradoxalmente, o certo é o contrário. Pavarotti era um dos poucos que haviam compreendido esse erro, e o mantra que ele me dirigia quando fazíamos música juntos era: "Não force, Ciccio, não force".

Seu maior ensinamento foi este: cantar sem esforço, a fim de poder utilizar a voz como um instrumento capaz de dar o melhor de si, sem encontrar asperezas... Um dado fundamental, porque, se não for adquirido, na minha idade não se canta mais!

Para Luciano Pavarotti o agudo era um som animal: assim o definia. O agudo era a expressão mais perfeita do domínio da técnica, era um automatismo, êxito da aplicação de uma série de regras.

O tenor? "É um bicho selvagem", dizia, "que deve manter o pleno controle da própria voz: instrumento delicado, sujeito a qualquer mau humor. Canta-se com o cérebro, e não com a garganta... Tanto é que eu escuto as notas no meu pensamento, antes de cantá-las, e portanto sei de antemão se serão boas ou menos boas, entoadas ou menos entoadas, justas ou menos justas".

Se nos últimos anos eu fui paulatinamente adquirindo uma facilidade sempre maior, justamente na zona que em geral é considerada a mais perigosa, a dos agudos, provavelmente devo isso àquele seu mantra: poucas palavras, repetidas e repetidas, até que as introjetei e as compreendi de verdade.

O último canto

Estou junto do seu leito, em sua cobertura que domina Manhattan, coração e pulmão da cidade que não dorme, amada por ambos... De um lado, os artigos nos jornais falam de um Mestre moribundo; de outro, as notícias são desmentidas: há quem descreva um paciente até convalescente, que recupera as forças a cada dia e que está arquitetando novos projetos de discos. A realidade que eu percebo é a de um homem com as malas já prontas, com a consciência da viagem, do salto iminente.

O assunto saúde o deixa em seu torpor e na generalidade de respostas penosas e gentis, como se ele não quisesse embaraçar o interlocutor: tem a sensibilidade de não me dizer "estou morrendo", apesar da evidência. Prefere assentir às minhas mentiras tranquilizadoras.

Mas é a música, é o canto, que fazem voltar a lucidez aos seus lábios e a força ao aperto de suas grandes mãos. O canto é o assunto que o faz se iluminar de novo, e ele volta a ser aquele de sempre, falando desta ou daquela solução emissiva, de um passo justamente sobre as notas "de passagem", no ponto mais crítico da ária, na cena principal desta ou daquela ópera.

A música lhe acelera o sangue nas veias, a tal ponto que, falando de uma frase complexa, ele soergue o corpo, respira fundo e em seguida canta. Respira longa e lentamente, como se quisesse levantar sozinho o corta-fogo de um grande teatro, e depois canta, mais uma vez. Canta, e são as últimas notas que eu o ouvi cantar. E, de longe, sinto que a mulher que o está assistindo não consegue conter as lágrimas, porque — como me contará — já fazia muito tempo que ninguém ouvia mais a voz dele.

O gigante, o amigo, ao seu modo, havia me saudado pela última vez, presenteando-me um trecho de música: aquilo que, ele sabia, eu iria apreciar mais do que qualquer outra coisa.

II
Lição de humildade

Encontros e desencontros

A honestidade intelectual, irrenunciável por parte de ambos, consolidou uma relação franca e profunda, de estima recíproca, mas por outro lado acendeu estopins. Aliás, "o que deve amedrontar não são as lutas ou as discussões, mas a concórdia indolente e a unanimidade dos consensos", escrevia Luigi Einaudi, um dos pais da República italiana. No mesmo dia a que vou me referir, recebi de Pavarotti uma reação dura e irritada, e depois uma frase intensa, quase uma profecia, generosa e ao mesmo tempo severa, que carrego, agradecido, esculpida no coração.

O episódio que me apresto a citar, eu o conservei por muitos anos no âmbito das recordações pessoais, amargo e ao mesmo tempo muito querido, seguramente a não divulgar. Contá-lo hoje, porém, assume outro sabor, o da homenagem, afetuosa e cheia de gratidão: um testemunho que — embora através do anedótico — pode coadjuvar na descrição da grandeza do personagem.

O sobrenome do Mestre é uma marca inoxidável. Além de representar a italianidade mais nobre e solar, além até mesmo de se tornar a própria alegoria do *bel canto* e da ópera lírica, deu nome a um show hípico importante, a um concurso canoro importante, a um evento concertístico importante. O "Pavarotti & Friends" ou "Pavarotti International Charity Gala Concert" é o celebérrimo encontro que por mais de dez anos escandiu o final da primavera ou o final do verão modenense, congregando colegas artistas de fama mundial, de Liza Minnelli a Céline Dion, de Elton John a Eric Clapton, de George Michael a Sting.

Para além do indiscutivelmente meritório objetivo beneficente (a renda era dedicada àquela categoria que mais sensibilizava o Mestre: as crianças das zonas pobres do mundo), de início a ideia me parecia de fato formidável: unir dois gêneros musicais no mesmo espetáculo, no qual cada um fazia o que sabia fazer... Um ato de liberdade afirmativa, deflagrador pelo potencial acréscimo de conhecimento que trazia consigo, de divulgação da ópera lírica.

Mas, ao longo do tempo, as coisas haviam tomado um rumo diferente, e eu — solicitado, durante uma entrevista — me permiti apontar isso, expressando minha posição. Acontecia cada vez mais frequentemente, nesses grandes momentos concertísticos, que Pavarotti cantasse as "cançonetas" com voz impostada e os artistas pop e rock convidados se experimentassem

LIÇÃO DE HUMILDADE

(com resultados às vezes involuntariamente parodísticos) em páginas líricas. Eu disse que me parecia errado inverter o conceito inicial desses eventos, conceito, em si, saudável e agudo. Disse que o resultado final, buscando uma constante troca de papéis, se expunha à inépcia, arriscando-se por outro lado a se revelar desencaminhante para aquele público jovem que, assim, perdia a possibilidade de se aproximar corretamente daquele "paraíso da música" que é o repertório lírico.

Eu podia compreender que dentro de um espetáculo daqueles se pudesse programar um momento lúdico, uma curiosidade na qual se invertem as competências: uma espécie de dublê, de brincadeira, para fazer o público sorrir, mas a direção tomada me parecia a de um show inteiramente construído sobre essa escamotagem, que, em minha opinião, não fazia jus à Música com eme maiúsculo.

Não imaginei que uma simples entrevista, na qual eu expressava pacatamente uma reflexão minha sobre o "Pavarotti & Friends", pudesse atingir a tal ponto a suscetibilidade dele. Estamos em meados dos anos 1990. Eu ainda morava em Lajatico, no povoado da Valdera onde nasci (logo me deslocaria para a costa, inclusive por motivos ligados à saúde, a fim de combater uma rinite alérgica que periodicamente atormentava meu órgão vocal)... O telefone toca, é Nicoletta Mantovani. Ela me passa o Mestre, que de repente me dirige palavras muito duras. Diz: "Antes de proclamar besteiras, lave a boca." Sem repudiar minhas teses, tento me justificar: com a devida humildade, sublinho que ao longo da entrevista expressei um pensamento meu, mas que não tenho nenhuma autoridade para que meu julgamento pese sobre o evento em si... Como única resposta, ele bate o fone, sem se despedir.

Chamo então Carlo Bernini, meu pianista de confiança, um amigo com quem sei poder contar. Peço-lhe que venha imediatamente à minha casa, temos uma viagem a fazer. Mais tarde lhe explicarei os detalhes...

Menos de uma hora após o acontecido, estamos nos dirigindo à *villa* do Mestre em Pesaro.

Pavarotti nos recebe friamente, de saída, e não sem estupor. Manda que Carlo e eu nos instalemos em sua sala. Está ao piano; nós, pouco distantes, sentados cada um numa poltrona. Ele começa me dando uma bronca sobre a necessidade de "aprender" a humildade. A certa altura, depois de alguns instantes nos quais fica em silêncio, como para elaborar melhor um pensamento, levanta-se da banqueta e se aproxima. Sinto que ele está diante de mim, com seu corpanzil de gigante, sinto seu olhar crispado embaixo das sobrancelhas pretíssimas: "Aprenda a ser humilde: isso vale para agora, para quando você for maior do que agora, e para quando vier a ser o maior de todos."

Eu não me atreveria a citar uma frase tão determinante se não houvesse uma testemunha que a ouviu. A severidade carrancuda do Mestre era proporcional à estima que ele sentia por mim. E aquela frase, muito provavelmente excessiva, extremamente pródiga, tinha o sabor de um prognóstico, de uma passagem de bastão que Pavarotti acreditava vislumbrar e da qual, com uma mescla de generosidade e dureza, havia querido me informar.

Apesar das muitas provas admiráveis que ainda daria de si nos anos vindouros, de sua vocalidade, de seu extraordinário refinamento interpretativo, ele afinal era um homem com mais de trinta anos de carreira e mais de 60 de vida nos ombros, uma idade na qual a pessoa olha aquilo que fez, na qual começa a avaliar o conjunto e a se perguntar quando será o ocaso de sua própria estrela.

Promoção com base na confiança

O que acabo de descrever e o que estou para descrever são atos de generosidade e de modéstia que tiveram um peso relevante em minha vida profissional, me ajudando a compreender de maneira profunda a grandeza do ser humano Pavarotti por trás da máscara deliberadamente um pouco clownesca do personagem, por trás das manias do artista lisonjeado em todas as latitudes.

Não concordo com quem o descreve como um indivíduo que, sobretudo após o clamoroso sucesso americano, deixou que este lhe "subisse à cabeça". É o próprio sentido da expressão que me parece deslocado... Com a notoriedade e a obtenção de uma riqueza significativa, é inevitável que se produza uma mudança às vezes radical, não tanto no juízo que se faz de si mesmo, mas na escala para medir as coisas... Eu mesmo tenho experiência direta disso: se, antigamente, adquirir um veículo utilitário era uma miragem, hoje comprar um carro de luxo é uma operação que vivo sem particular excitação. Seria hipócrita, da minha parte, não o admitir.

Com toda a probabilidade, Pavarotti também deve ter mudado, desde quando era um jovem tenor que para sobreviver trabalhava como professor primário. Mas eu não o definiria em absoluto como um homem presunçoso.

Tenho certeza de que ele também avaliava o fato de deixar o sucesso lhe "subir à cabeça" como um acidente intelectual. Nesse sentido, sua capacidade autocrítica era um excelente antídoto. Falando dos seus fãs, um dia me disse que a mensagem que desejava lhes transmitir era que não se sentia melhor em absoluto, só porque era famoso e eles não...

Quando eu ainda não era ninguém, ele me brindou com declarações significativas. Uma conduta que um artista presunçoso não poderia adotar.

No palco de Módena, durante a segunda edição do "Pavarotti & Friends", diante de muitos milhares de espectadores e das câmeras de tevê de meio mundo, recordou a primeira ocasião em que escutou a minha voz, no teste do *Miserere* que eu havia gravado no estúdio Umbi-Maison Blanche, no campo dos arredores de Módena. A canção de Zucchero, como se sabe, previa um enxerto lírico. Relatar em público qual foi sua reação (muito lisonjeira) ao me ouvir significava uma espécie de bênção à minha carreira, ainda a ser totalmente construída: um gesto desinteressado, ditado pelo seu amor à música e à vocalidade.

LIÇÃO DE HUMILDADE

Enquanto ele me apresentava ao público, eu estava ao seu lado, segurava nervosamente a haste do microfone e deglutia para regularizar a salivação... Desde então, passei a alimentar uma visceral antipatia pelo canto amplificado: o microfone é um instrumento que condiciona a postura do cantor e que provoca agitação; você nunca sabe se aquilo funciona ou não, sobretudo se for um microfone sem fio. E também, por melhor que seja, sempre transforma um pouco a sua voz. Além disso, subtrai um dos componentes essenciais do canto: a força... É uma suposta facilitação, que, ao contrário, põe a nu os seus defeitos e jamais ajuda você. Infelizmente é um compromisso inevitável, num lugar ao ar livre, e eu — como, aliás, Pavarotti — aprendi a conviver com ele. Foram estas as palavras do Mestre, no palco do parque modenense:

> Tenho o prazer de apresentar um grande tenor. Quando Zucchero me procurou para me fazer ouvir a canção *Miserere*, me trouxe uma fita já gravada, e a voz de tenor era a de um jovem cantor. Zucchero veio da América do Sul para estar aqui conosco esta noite, e é aqui que pode lhes dizer aquilo que, naquela ocasião, eu lhe disse: "Caro Zucchero, você não precisa cantá-la comigo, cante com este tenor, melhor do que ele não há."

Na hora, não compreendi. Não creio ter de fato compreendido o valor, o peso de semelhante afirmação... A verdade é que naquela ocasião eu não ouvia nada, nem mesmo as palavras com que o Mestre me apresentava. Estava supertenso, com febre alta (como não raro me acontece, quando devo enfrentar experiências particularmente comprometedoras), pensando em como cantar, tentando me concentrar, temendo uma desaprovação por parte do público, e não me conscientizei de que, antes de eu abrir a boca, o maior tenor do mundo já havia me promovido.

Um planeta distante

Antes de conhecê-lo pessoalmente, eu considerava Pavarotti um planeta inalcançável. Antes de nossas vidas se cruzarem, ele era para mim um personagem mítico, um astro que presumivelmente vivia longe, talvez nos Estados Unidos. Estudante de canto, tampouco me arriscara jamais a tentar uma audição com ele... Nem sequer pensava em me aproximar: eu, garoto do campo; ele, por excelência o tenor do momento, a garganta que dita o estilo da contemporaneidade... Impossível!

Descobri sua voz quando era adolescente. Tarde, portanto, em relação ao meu convívio discográfico habitual, que desde minha mais tenra infância me ligava a outros nomes, à "velha escola". Na família Bocelli não havia musicistas, mas eu tinha parentes que eram apaixonados cultores da lírica. Meu primeiro "herói" foi o tenor Beniamino Gigli, objeto das narrativas entusiásticas de um tio meu ancião, o qual lhe tecia louvores.

LIÇÃO DE HUMILDADE

Logo me interessei, empolgado, também pelas vozes de Mario Del Monaco, Enrico Caruso, Giuseppe Di Stefano, Aureliano Pertile, Ferruccio Tagliavini e, naturalmente, Franco Corelli (este último, protagonista de um enamoramento artístico que mais tarde marcaria o meu destino). Aos 6 anos, em poucos instantes eu reconhecia todas as vozes célebres da época... Escutava e depois tentava competir com os meus prediletos, cantando junto com eles, na sala de casa.

Com a voz de Pavarotti, as coisas foram diferentes. Comecei a ouvir falar dele cada vez mais frequentemente através das reportagens sobre seus sucessos (recordo ter sabido que o *New York Times* até havia lhe dedicado uma capa, que o retratava a cavalo...). Até o momento em que decidi, curioso, comprar aquele que foi o primeiro disco, com sua voz gravada, a entrar em nossa casa de La Sterza: a extraordinária, histórica interpretação de *La Bohème*, de Puccini, com Mirella Freni (e Harwood, Panerai, Ghiaurov...), sob a regência de Herbert von Karajan. Foi através daquela interpretação que me apaixonei pelo seu timbre, pela sua gesticulação em cena, pelo jeito como cantava. Escutando Pavarotti, na ópera que mais tarde será a ópera de sua vida, compreendi por que este homem desencadeava em todos os melômanos um entusiasmo tão grande...

A audição, devo dizer, foi chocante inclusive porque propunha algo diferente em relação àquilo que eu estava habituado a escutar. Era um outro mundo, uma leitura que eu não saberia dizer se menos ou mais eficaz, porém mais próxima da sensibilidade contemporânea... Sensação, esta, estimulada também pela qualidade da gravação, porque naqueles anos as técnicas de registro sonoro estavam dando significativos passos à frente.

Depois da sua *Bohème*, comprei muitos outros discos. Inclusive — alguns anos mais tarde — *Mamma*, aquele célebre álbum, fruto da colaboração entre o Mestre e Henry Mancini (ítalo-americano que já então era um monumento vivo, tendo assinado trilhas sonoras inesquecíveis e composições como *Moon River* e o tema da *Pantera cor-de-rosa*). Também aquele projeto me impressionou muito, porque propunha uma tipologia de tenor alinhada com os grandes intérpretes do passado, de Caruso a Schipa e a Gigli, artistas que já se haviam arriscado na romança popular. Eu sentia que a opção dele era inteligente, uma opção que sem dúvida não fazia mal à lírica, repertório que ambos amávamos e privilegiávamos acima de qualquer outro.

O instrumento vocal de Pavarotti me impressionou e até hoje me impressiona por sua perfeição. Uma voz rotunda, suave, aveludada, vibrante, uma emissão livre, desprovida de qualquer vestígio de esforço ou de artifício. Uma extensão ampla, com grande comodidade nas notas baixas, que eram sempre muito sonoras, muito timbradas, e com extrema facilidade nos agudos.

Sabe-se que, vocalmente, o grande "amor declarado" do Mestre, seu ideal a emular, foi o inesquecível Giuseppe Di Stefano. O próprio Pavarotti me contou como, preparando-se para gravar *Manon Lescaut*, de Giacomo Puccini, quis encontrar o tenor siciliano para lhe comunicar que havia estudado justamente com base em sua gravação, e que jamais nenhum tenor cantaria aquele papel como ele...

No entanto, acho que a abordagem de Pavarotti ao canto é mais próxima à de Franco Corelli, mais que à de Di Stefano.

O *bel canto* é o repertório no qual o Mestre expressou o melhor de si, restituindo leituras imortais, imprescindíveis para quem quiser se aproximar das obras de autores como Vincenzo Bellini e Gaetano Donizetti (quanto a Gioachino Rossini, infelizmente sua *renaissance* em nível planetário aconteceu mais tarde, em relação aos anos de ouro da carreira pavarottiana).

Suas interpretações sublimes também marcaram certo repertório verdiano (por exemplo, em *Rigoletto*, *Ernani*, *Un ballo in maschera*) e a *Missa de Réquiem*, brilhante modelo do equilíbrio entre precisão, técnica do canto, estilo e elegância.

Na primeira vez em que decidi escutar Pavarotti ao vivo (eu era um garoto, provavelmente ainda nem tinha 18 anos), o tenor fazia um concerto, acompanhado ao piano por um artista americano, no "Bussoladomani", o toldo que abrigava vários espetáculos, idealizado pelo mítico Bernardini e, em meados dos anos 1970, montado pouco distante do "La Bussola", na Versilia, no vilarejo de Focette, a dois passos de onde eu já vivo há muitos anos.

Apresentei-me de bermudas: na entrada, precisei discutir, porque não queriam me deixar passar, considerando meu look entre o balneário e o camponês. Por fim levei a melhor, e foi uma sorte, porque escutei um belíssimo concerto! Entre outras peças, ele cantou magnificamente o *Agnus Dei* do *Intermezzo* de *L'Arlésienne* de Bizet, uma intepretação cuja intensidade se imprimiu em mim, ecoando por longo tempo no meu coração.

III
Um mestre internacional

Os "Três tenores"

Dia 7 de julho de 1990, antigas Termas de Caracalla, Roma. Véspera da final da Copa do Mundo "Itália 90". Zubin Mehta dirige uma orquestra de elenco duplicado, a do Maio Musical Florentino e a do Teatro da Ópera de Roma. No palco, os três maiores tenores em atividade no momento: ao lado de Luciano Pavarotti, Plácido Domingo e José Carreras, sobrevivente — este último — de sua batalha pessoal contra uma forma grave de leucemia.

Eu tinha passado dos 30 anos, mais exatamente estava com 32. Aproximava-se o dia em que, graças à aparição no Festival de Sanremo, minha carreira finalmente levantaria voo, naquela vertente pop na qual eu havia identificado uma possível brecha. No entanto, as esperanças de fazer de minha maior paixão também uma profissão eram cada vez mais fracas.

LUCIANO PAVAROTTI: UM MESTRE PARA TODOS

Embora, desde quando eu era rapazinho, meus ouvintes expressassem um aplauso unânime, as muitas tentativas de me fazer notar no mundo do espetáculo não tinham produzido resultados concretos. Então, me preparei para fazer algo bem diferente: estudei direito, me diplomei e estava convencido de que ganharia a vida exercendo a profissão de advogado. Porque, como afirmava meu pai, esperar seriamente fazer da música uma profissão, para um rapaz como eu, que vinha do campo, sem nenhum contato no mundo do espetáculo e com um problema que dificultava qualquer meta mais complicada, equivalia a esperar ganhar na loteria.

Hoje, eu não saberia dizer se teria sido um bom advogado... Certamente seria um profissional consciencioso e gostaria do meu trabalho (a lei não é nem um pouco árida, já que possui as regras da nossa convivência).

O início dos anos 1990 é o período no qual, musicalmente falando, eu mais me arrisquei a jogar a toalha... É possível que a força prorrompente de tudo o que aconteceu depois extraia sua linfa justamente daqueles anos de grande desconforto e das muitas, muitíssimas batidas de porta que recebi na cara.

O problema da minha vocalidade, segundo os entendidos, era a impossibilidade de encontrar uma colocação no mercado. Aos olhos deles, meus testes pareciam escassamente "colocáveis". Os interlocutores chamados para avaliá-los se apresentavam o problema de como fazê-los interagir com um mundo discográfico à mercê de estereótipos, engrenagens comerciais, modas... Riscos demais, fadiga demais. E a resposta, mesmo por parte de quem apreciava minha vocalidade, era sempre a mesma: negativa.

O concerto que inaugurou a lendária série dos "Três tenores" em Caracalla foi para mim um momento absolutamente especial. Grudado ao televisor, pouco depois comprei o disco que imortalizava o evento. Fiquei impressionado por aquele experimento novo, um caminho tão engenhoso e penetrante, em sua simplicidade, para ir ao encontro das pessoas, para restituir público à ópera, para recuperar uma imagem que o cantor lírico, ou melhor, o tenor, vinha perdendo dramaticamente.

Graças à intuição que havia por trás daquela proposta espetacular e divertida, com duzentos instrumentistas e um programa que colocava lado a lado árias celebérrimas, romanças populares, medley, foi justamente a figura do tenor que recuperou terreno. Creio poder dizer que o concerto de Caracalla contribuiu para me dar a força de não desistir... Eu, que naquele tempo recebia dos "especialistas" do mundo do espetáculo o conselho de mudar de profissão...

Muitos anos depois, Pavarotti me contou que a ideia inicial dos "Três tenores" era incubada desde bem antes daquele 1990, e que a paternidade do projeto era de José Carreras. A grave doença deste último, que o levara ao limiar entre a vida e a morte, seguramente exerceu um papel importante para a concretização do plano. Aquele concerto, além de homenagear o futebol (os três cantores eram torcedores apaixonados), era um modo de comemorar a vitória de José sobre a leucemia.

Pavarotti, de início, considerou o show de Caracalla como um dos muitos eventos comemorativos dos quais lhe acontecia participar, enriquecido de sentido, neste caso, graças à possibilidade de abraçar de novo o amigo José e de financiar uma Fundação que se ocupava do tratamento da leucemia. O fato é que o potencial comercial do produto não era sequer vagamente intuível. Ficou claro em 1994, quando os três colegas se reuniram para bisar o experimento em Los Angeles, por ocasião da final do Mundial de futebol, diante de uma plateia (somando a presencial e a do show gravado) calculada entre um e dois bilhões de espectadores.

A Arena recorda Luciano

Vinte e três anos depois. Por pouco aquela passagem de bastão, da qual continuo não me sentindo digno, não encontrou sua consumação, sua simbólica efetivação. O encontro era em Verona, lugar símbolo do amor e do *bel canto*. A ocasião era suntuosa: a festa de gala do centenário de programação lírica da Arena, o maior teatro a céu aberto do mundo, realizada no início de junho de 2013.

De fato, cem anos antes era inaugurada a edição número 1 do festival lírico areniano, com uma *Aída* concebida para celebrar, então, o centenário de Verdi. Um evento que teve como espectadores, nos mesmos degraus lisos de pedra, Mascagni e Puccini. Cem anos depois, eis-me ao lado de Plácido Domingo, com quem já havia cantado em várias ocasiões, para homenagear o ducentésimo aniversário do sumo gênio de Busseto (justamente no palco onde cantei, anos atrás, um *Requiem* verdiano regido por Lorin Maazel).

Sobre a imponente noite de gala (transmitida pela televisão poucos dias depois) que teve a responsabilidade de celebrar tais e tantos aniversários, pesou a ausência imprevista de José Carreras, retido na última hora por um grave problema familiar.

Assim, sem aquele precioso integrante de um trio reconstituído, festejamos igualmente a ópera lírica, mas sobretudo homenageamos a memória de Big Luciano, do grande ausente que permanece no coração de todos...

O tributo a Pavarotti, cuja voz as pedras da Arena carpiram tantas vezes, se desenvolveu de início na lembrança da viúva, Nicoletta Mantovani. Em seguida, nas notas de *Non ti scordar di me* — a célebre romança que veio à luz justamente em 1935, ano de nascimento do Mestre — e do dueto extraído de *Les Pêcheurs de perles* de Bizet. Em ambos os casos, cantamos juntos, Plácido e eu, unidos por um sentimento de partícipe comemoração.

Na cidade que naqueles dias recebia uma bela exposição monotemática dedicada ao Mestre, organizada justamente por Nicoletta, Domingo recordou diante dos microfones a aventura dos "Três tenores" e a amizade que o ligava aos colegas, para além e acima da competitividade profissional. Eu também fui solicitado pela imprensa. E nos microfones reiterei minha devoção pelo Mestre e pela marca indelével que ele deixou, e também o quanto é estéril estabelecer comparações entre a carreira dele e a minha.

Paixões comuns

No entanto, entre a vida dele e a minha houve muitas consonâncias... Por exemplo, o amor pela equitação. Embora habitualmente minhas conversas com Pavarotti versassem sobre música e sobre canto, tivemos oportunidade de trocar opiniões ligadas à paixão comum pelos cavalos.

Na infância de Pavarotti, creio que foi determinante, nesse sentido, a figura de um tio que comercializava cavalos nas feiras rurais. Esse senhor possuía também um pônei que era — como se pode imaginar — o objeto de desejo do sobrinho. Somente a partir do final dos anos 1970 o Mestre voltou à antiga paixão, e o fez de rompante (depois de assistir a uma corrida de cavalos, em Dublin, adquiriu dois esplêndidos exemplares e os levou para Módena), reacendendo um amor que duraria décadas e lhe daria não poucas satisfações.

Quanto a mim, já que transcorro uma parte considerável da minha vida entre as nuvens, no interior das estreitas paredes de um avião, o tempo para passar ao ar livre é sempre muito pouco. Mas, quando volto à minha Toscana, visitar meus cavalos e cavalgar, depois de encontrar os parentes e os amigos mais chegados, permanece para mim uma prioridade. Atualmente tenho dois árabes, mãe e filho, e quatro andaluzes, três machos e uma fêmea... Uma raça, a andaluza, em minha opinião representa uma excelente combinação entre docilidade e inteligência. É um cavalo vivaz, que sabe ser atleticamente brilhante, dócil e divertido.

Tenho com os cavalos uma relação intensa e de grande respeito. Aprecio sua inteligência, sua capacidade de exprimir afeto, a determinação, o atletismo, a cumplicidade que se instaura quando cavalgamos, a capacidade deles de catalisar as emoções e o estado de espírito do jóquei... Para mim, a equitação não é apenas o esporte preferido da minha infância, mas também um meio prático de locomoção. Como já disse em outras ocasiões, o cavalo era minha bicicleta, minha moto... Até hoje, na Valdera, volta e meia me desloco montado num dos meus cavalos.

Sempre que abordo esse assunto, o pensamento se dirige ao meu amadíssimo árabe que peguei ainda potrinho e que se chamava Giasir: um animal extraordinário, um amigo ao seu modo. Quando ele morreu, dediquei-lhe um poema que mais tarde tive oportunidade de entregar ao presidente da ANICA (Associazione Nazionale Italiana Cavallo Arabo) e que creio ter sido exposto em 2012, durante a feira dedicada a essa raça.

A paixão comum pelos cavalos foi a moldura do primeiro encontro *de visu* entre mim e Pavarotti. Amigos comuns me contaram que já no final dos anos 1980 o Mestre acalentava a ideia de organizar um concurso hípico em sua cidade natal. Um evento que incluiria um momento musical de grande relevo, dedicado às mais representativas vozes emilianas da canção e do rock, de Gianni Morandi aos Nomadi, de Guccini a Ligabue, de Vasco Rossi e Lucio Dalla a Zucchero...

Durante a primeira edição do "Pavarotti International", em 1991, o tenor modenense esteve a poucos metros de mim, sem que eu pudesse detê-lo: passou ao meu lado correndo, num carrinho elétrico de golfe, e prosseguiu para além de um portão, que logo se fechou...

A segunda tentativa resultou melhor. Insisti, depois que o Mestre escutou meu teste de *Miserere*. Sabia quem eu era, consegui me aproximar da tribuna da qual ele acompanhava o concurso.

O primeiro impacto: uma mão sobre minha cabeça, e sua voz: "Diga a verdade, você gosta muito de Corelli, não é?". Tinham lhe bastado aquelas poucas inserções líricas, as frases propostas em voz impostada na canção de Zucchero, para compreender qual era minha primeira referência. Admiti, com sinceridade. O Mestre se mostrou gentil, afável, embora o encontro tenha durado poucos minutos.

Na brochura que descrevia a manifestação, as boas-vindas de Pavarotti, que com simplicidade explicava suas intenções e seu credo de excepcional divulgador. Também a partir deste breve texto, que desejo transcrever, aprendi a conhecer os valores que fortaleceram sua existência:

> Como muitos de vocês devem saber, na minha vida convivem duas grandes paixões: a música e os cavalos. À música dediquei completamente trinta anos da minha existência

e, acima dos sucessos obtidos, uma coisa sobretudo me deixa orgulhoso: ter dado minha contribuição para fazer a música lírica ser amada por um público muito mais amplo do que o existente no início da minha carreira. Quando, nos meus concertos, vejo tantos jovens e quase garotos, isso, acreditem, representa para mim o mais belo prêmio para as muitas fadigas que marcaram meu empenho de trinta anos. Pois bem, eu cultivo um sonho. Gostaria de empregar, também no mundo da equitação, o mesmo empenho e um grande amor a fim de contribuir para que este maravilhoso esporte e a incomparável relação com seu verdadeiro protagonista, o cavalo, venham a ser amados e populares junto ao mais amplo público possível.

A primeira vez

Se foi grande a emoção no primeiro encontro, maior ainda foi quando ouvi sua voz cantar, junto de mim, no próprio momento em que pela primeira vez tive de me apresentar diante dele.

Aconteceu por ocasião do anual "Charity Gala Concert" modenense, e mais precisamente na segunda edição do "Pavarotti & Friends". Era o outono de 1994, o concerto previa a presença de artistas como Bryan Adams, Giorgia, Anita Baker e muitos outros. Sozinho, cantei *Mattinata* de Leoncavallo, enquanto, em duo com o Mestre, devíamos interpretar uma canção napolitana, *Notte 'e piscatore* de Maurizio Morante.

Foi necessário ensaiá-la, naturalmente, e eis que de repente me vi junto de um piano, ao lado de Pavarotti.

Eu percebia a situação como irreal... Parecia-me impossível poder ouvir sua voz a um metro de distância, e a minha ter a honra de interagir com a dele. Naquele momento, um sonho, daqueles que exaltam as cândidas esperanças e as ambições adolescentes, estava se concretizando, fora de qualquer plausibilidade, acima da mais rósea expectativa.

Um ano extraordinário, o de 1994, tanto do ponto de vista profissional quanto espiritual (naquele período eu me aproximei cada vez mais da religião católica, reencontrando a fé). Um ano que incluiu a vitória no Festival de Sanremo, mas também o primeiro papel numa montagem lírica (em *Macbeth*, no Teatro Verdi de Pisa). No entanto, a lembrança daquela primeira vez ao lado do tenor mais amado do mundo, naquele palco imenso, tem a primazia: trago-a no coração e, quando a revivo, ainda sinto o eco daquela indescritível trepidação.

IV

A dieta faz mal

A alegria da inteligência

"Você se lamenta pelo excesso de entrevistas... Mas vai se lamentar muito mais no dia em que pararem de entrevistá-lo." Este era Pavarotti. Um homem solar, brilhante *causeur*, bom comensal, uma pessoa que gostava de companhia. Um artista que amava muito seu trabalho e que eu nunca ouvi, nem sequer uma vez, reclamar ou se queixar da sobrecarga de compromissos ou de qualquer aspecto ligado à sua profissão.

Ao contrário de muitos de seus colegas, fora do teatro os assuntos sobre os quais gostava de conversar não eram ligados invariavelmente ao palco e à ópera: ele também se interessava pelo resto do mundo!

No meu caso, o fato de termos o mesmo registro vocal limitou necessariamente nossas experiências comuns: é difícil encontrar dois tenores protagonistas de um mesmo título operístico... É um dado real, mas é também um pesar meu, porque eu desejaria passar mais tempo com ele em cena, compartilhar os momentos de espera nos bastidores, as tensões e as alegrias que só uma apresentação lírica pode proporcionar.

Mesmo assim desfrutei de sua companhia, dividi com ele a ribalta de alguns concertos, vivi sua dimensão familiar (em Módena, em Pesaro, nos Estados Unidos...), desfrutei de seu otimismo, de sua ironia e da sabedoria que ele havia refinado em muitos anos de palco e de vida pública.

Um gigante, reitero, um artista que me apoiou de fato, com prodigalidade e desinteressadamente. Um personagem sem dúvida inteligente demais para não compreender que toda geração tem seus campeões e seus heróis, e, ao mesmo tempo, que nenhuma geração futura o esqueceria.

Sabia escutar, sabia não ceder à impulsividade e, tendencialmente, falava bem de todos... Às vezes de maneira crível, às vezes um pouco menos. Mas não se tratava de hipocrisia: era, antes, uma linha de conduta amadurecida ao longo dos anos.

Recordo um episódio significativo e divertido, relacionado justamente ao "Pavarotti International". Terminada uma sessão de ensaios, eu tinha ficado no palco, onde havia acabado de duetar com o Mestre. Pavarotti se afasta, eu encontro um banquinho e me sento para esperar o momento no qual terei de me aproximar novamente do microfone. Nesse meio-tempo, uma banda de rock se instala e começa a tocar, produzindo um enorme estardalhaço. Então Pavarotti volta ao palco e se aproxima, proclamando: "Está ouvindo? Está ouvindo como eles são bons, não é?"

"Sem dúvida, eles são bons", replico, "mas não compreendo e não aprecio este gênero que propõem e, sinceramente, não creio que agradem tanto assim ao senhor". "Pois me agradam muitíssimo", retruca, "eu os admiro muito...". Insisto, sorrindo: "Permita-me duvidar disso que o senhor diz, pelo menos me parece que produzem um rumor ensurdecedor que seguramente o incomoda tanto quanto a mim..."

E Pavarotti: "A mim, certamente não, porque estou usando protetores de ouvidos!"

Os críticos

Cortês e disponível com seus admiradores, Pavarotti mantinha uma linha de conduta muito correta, paciente e inteligente, mesmo diante da imprensa: consciente da própria posição e do próprio valor, não mostrava inquietações ligadas à repercussão da mídia. Não dava peso ao que era dito e escrito sobre ele, nem quando o incensavam nem quando era objeto de críticas até ferozes, relativas às suas apresentações ou a mexericos.

Também sob esse aspecto, seu exemplo e alguns conselhos amigáveis sem dúvida me ajudaram. Porque, no início da carreira, minha relação com o papel impresso não era exatamente idílica... É preciso admitir: quando se lê algo que está totalmente distante de você, de suas intenções, daquilo que moveu seus esforços e seus desejos artísticos, algo no qual você não se reconhece em absoluto, isso o deixa decepcionado e, às vezes, amargurado.

LUCIANO PAVAROTTI: UM MESTRE PARA TODOS

Nos últimos anos, constato que a atitude dos críticos musicais perante minhas performances se suavizou muito. Mas houve um tempo, muitos anos atrás, no qual havia quem se encarniçasse, inclusive com malevolência gratuita. Creio que uma parte da crítica musical de âmbito clássico, aquela talvez menos disposta a aceitar as novidades, de início não compreendeu — e talvez nem mesmo apreciou — o percurso anômalo da minha carreira, e também uma resposta tão excepcional do público.

Com a maturidade, assim como graças a exemplos fortes como o de Pavarotti, alcancei um equilíbrio e talvez até um pouco de sabedoria, a ponto de poder assegurar serenamente que aceito com gratidão qualquer crítica, mesmo negativa, desde que seja expressada com honestidade intelectual. Sou o primeiro, quando escuto de novo aquilo que cantei, a me tornar juiz implacável de mim mesmo.

Espero que não me entendam mal, não quero estabelecer nenhuma comparação: mas recordo que, justamente conversando com o Mestre, relembrei os que dedicaram grande parte da profissão a falar mal de um compositor do calibre de Puccini... Um compositor capaz de nos enriquecer nas profundezas da alma e de modo definitivo... Um artista capaz de nos modificar, com suas obras, tanto quanto a leitura de *Crime e castigo* ou de *Os irmãos Karamazov* de Dostoievski: experiências que penetram a alma e deixam ali dentro alguma coisa, pela qual você já não é mais o mesmo... No entanto, reitero, houve quem desprezasse Puccini.

Em minha juventude, algumas críticas, alimentadas por preconceitos, me magoaram exatamente em razão de sua malevolência gratuita. Com o passar do tempo e com a experiência, antes de tudo a gente aceita não poder agradar a todos, e compreende melhor que a arte é afinal um fato subjetivo... Infelizmente ou por sorte, assim como sobre o Mestre Pavarotti, também sobre mim foram escritas prateleiras inteiras de palavras: aprendi a destilar o que ajuda a trabalhar melhor. Porque uma crítica, quando feita por uma pessoa competente, quando concebida de modo construtivo, por quem lhe quer bem e espera aperfeiçoar — com seus comentários — aquilo que você está fazendo, é o sal para um artista. Só com louvores não se avança muito!

Quero encerrar este item citando mais uma observação do grande Mestre modenense: "Os críticos musicais", dizia ele, "são menos importantes do que se pretende fazer crer... É o público o nosso interlocutor, com o público temos de nos entender; é o público que pode levar você ao paraíso ou decretar o fim de uma carreira".

O amor pelo Lambrusco

Sua *villa* modenense era imersa em um belo parque... A residência de Pavarotti, eu a recordo muito ampla, acolhedora, ainda que não especialmente luxuosa. Dava-me a ideia de um lugar que não renunciava à praticidade, em harmonia com o dono da casa, o qual havia herdado da terra emiliana de onde provinha, e da cultura camponesa inscrita em seus cromossomos, uma agradável concretude.

Até hoje, me deixa alegre a lembrança de uma visita que fiz a Módena, e de uma amigável disputa que empreendi com o Mestre, em relação a um assunto delicado de tratar, entre um emiliano e um toscano da gema.

Adianto que meus antepassados, no século XVIII, eram meeiros numa propriedade dos príncipes Corsini. A paixão pela terra é uma coisa que a família Bocelli traz dentro de si e transmite por muitas gerações... Paixão, em particular, pela vinha, orgulho do camponês de raça. De fato, há alguns anos compartilho com meu irmão Alberto a aventura de uma fazenda vitivinícola, concebida para honrar e transmitir o grande amor do nosso pai Sandro, e igualmente para mostrar ao mundo este fruto extraordinário da tradição e da cultura camponesa toscana...

Quando cheguei à residência Pavarotti, o dono da casa me recebe sentado a uma mesa coberta de todas as dádivas divinas, uma mesa régia de delícias doces e salgadas. Ele me chama, me incita a me servir, e diz: "Venha cá, tenor, fique à vontade". Não sem embaraço, aviso a ele que, infelizmente, estou de dieta...

"Mas que dieta que nada, dieta faz mal. Coma!" é sua resposta, que soa como um convite irrecusável. Enquanto experimento alguma coisa, ele se empolga e me estende um copo: "Prove este aqui, é um excelente Lambrusco. Sei que vocês toscanos gostam dos vinhos fortes, mas acredite, este Lambrusco não tem igual." Também neste caso, recusar seria uma descortesia. Mas, depois que experimentei o conteúdo do copo, a honestidade levou a melhor sobre a boa educação, e eu lhe digo, sorrindo: "Mestre, não se ofenda, mas este vinho é excelente para duas coisas: fazer vinagre balsâmico ou então lavar as rodas dos carros, quando estão sujas de lama."

A carga de energia vital que Luciano Pavarotti possuía, por quantidade e qualidade, era suficiente para fazê-lo viver a plenos pulmões até os 100 anos: ele que habitava a existência com alegria e com paixão, ele que pilotava um barco, amava o mar, os cavalos, os automóveis velozes... Também sua vida sentimental, o grande amor por Nicoletta Mantovani que escandiu sua maturidade, a paternidade renovada aos 67 anos, são sintomas de uma energia absolutamente fora do comum. O calcanhar de aquiles de Pavarotti era uma relação compulsiva com a comida, relação que lentamente comprometeu seu organismo.

Ainda assim, também nesse aspecto ele era um homem de grande fascínio e de grande caráter: adorava comer, fazia isso com alegria e não se colocava muito o problema de estar com sobrepeso (a não ser periodicamente, suponho que depois da insistência dos médicos). Não era complexado, embora costumasse observar que não era feliz pelo seu peso, mas "apesar" do seu peso.

Seu corpo era o instrumento musical, era o recipiente que dava substância aos personagens que ele encarnava em cena: mais forte do que possíveis restrições estéticas, havia nele a lúcida e indiscutível certeza de possuir uma imagem vigorosa, reconhecível. E aquele volume corporal, por outro lado, parecia não criar nenhum desconforto num homem que — como este que lhes fala — era fortemente sensível ao fascínio feminino.

Autoirônico? Eu não saberia dizer... Sem dúvida era um homem que não sofria de complexos e que não tinha caído na dependência dos refletores. Frequentemente o sucesso encoraja, em quem já o obteve, certo exibicionismo, próprio da *primadonna*. Pavarotti era exceção, não precisava ser continuamente protagonista, sabia elegantemente ficar no seu lugar. Mesmo nos banquetes, eu captava nele uma atitude na qual me reconheço: eram sobretudo os convidados, eram "os outros" que o impeliam a estar no centro das atenções, ao passo que, creio, ele até ficava entediado por semelhante papel. Penso que buscava de preferência uma dimensão de normalidade.

O inovador

Talento e sacrifício, conjugados: esta, provavelmente, é a receita vitoriosa da estrela de Pavarotti. Uma voz de natureza generosa, não há dúvida. Justamente como, fortalecido de saída por um talento canoro inato, era seu pai, Fernando, cantor por paixão e padeiro por ofício. Aquele pai venerado por Luciano.

Sem dúvida, o jovem aluno Pavarotti elaborou com excepcional inteligência a estrutura técnica que de início Arrigo

Pola e depois Ettore Campogalliani lhe forneceram, a ponto de construir um instrumento capaz de realizar deslumbrantes acrobacias, mesmo quando o corpo, nos últimos anos, exprimia fortemente o próprio mal-estar.

Sem enveredar muito por argumentações técnicas para especialistas, gostaria de sublinhar que a grande capacidade de Pavarotti era a de ligar de modo absolutamente perfeito os dois registros da voz, o "de peito" e o "de cabeça". Na voz humana existe a chamada "passagem": quando se entoa uma escala, subindo, a certa altura da extensão de peito começa-se a introduzir sons "de cabeça" (são as notas ditas "anfóteras"), até alcançar depois, plenamente, o novo registro. A dificuldade está em "costurar" esses dois âmbitos, em percorrer a ponte que os une, sem deixar perceber, sem produzir falta de homogeneidade. Nisso, Pavarotti realmente não tinha rivais.

Como já lembrei, sua voz não se assemelha à de ninguém. Ou melhor, ninguém conseguiu, até hoje, se aproximar daquele timbre que proporcionou alegria e emoções ao mundo inteiro, daquele modo de abordar as partituras e de propor a linha de canto.

Como todos os inovadores autênticos, ele se moveu no âmbito da tradição, porque não se pode revolucionar coisa alguma se não se levar em conta o passado. Pavarotti expressou uma tradição do *bel canto*, deixando ao mesmo tempo sua própria e importante marca.

Apesar da carreira longuíssima, não creio que ele tenha incorrido em particulares tropeços. Parece-me que sempre administrou bem seus recursos vocais. Mesmo o repertório mais distante, "no papel", de sua natureza (o Verismo), ele soube enfrentá-lo com a própria voz, sem ampliar forçadamente sua aspereza, sem constrangê-la... Desse modo, tampouco esse repertório lhe trouxe prejuízo, do ponto de vista da vocalidade.

Há quem afirme que, a partir do final dos anos 1980, Pavarotti começou a se expor a interpretações menos interessantes, às vezes até desleixadas. Pessoalmente não dou peso a tais críticas e, baseando-me nos fatos, naquilo que escutei, encontro um intérprete que, inclusive em anos recentes, sempre ofereceu brilhantes lições de estilo e de musicalidade.

No máximo, chego a compreender que, com o passar do tempo, o entusiasmo possa ter ficado parcialmente enfraquecido, desgastado. Isso acontece, suponho, nas carreiras particularmente longevas... Quando jovens, temos a ilusão de deixar uma marca indelével; porém, quanto mais avançamos na vida, mais nos damos conta de que nossa passagem pela terra é um segmento pequeno e fugaz: no fim, interpretamos um papel destinado a desaparecer com o passar do tempo. Reflexões semelhantes — trágicas para os não crentes, difíceis de assimilar até por parte de quem, como Pavarotti, e como o subscritor, tem a dádiva da fé — foram concebidas, ao término da vida, até por Giuseppe Verdi, o maior compositor de ópera do século XIX.

V
Nicoletta e Alice

A promessa de amor

Quem assinava o convite era supostamente a pequena Alice, filha de Nicoletta e de Big Luciano (a menina tinha, então, 11 meses). Era ela quem convocava os amigos para o casamento do papai e da mamãe. Memorável, aquilo que aconteceu em 13 de dezembro de 2003: um rito, ao mesmo tempo mundano e íntimo, recolhido, apesar dos seiscentos ou setecentos convidados. Íntimo, porque verdadeiro e intenso... Um concerto dos sentimentos, ao qual se uniram a cidade natal do Mestre, Módena, e — através da mídia — toda a Itália e a imprensa de meio mundo.

No casamento de Pavarotti, cantei a *Ave Maria* de Schubert. O fato de ele ter me escolhido, num momento tão delicado e relevante de sua vida, era um ulterior atestado de estima e o testemunho concreto de uma autêntica amizade...

O rito se desenvolveu, como é sabido, no Teatro Comunal de Módena (templo lírico citadino ao qual, anos depois, seria dado o nome do artista). Não numa igreja, visto que Pavarotti era um homem divorciado. Contudo, a sacralidade do momento era palpável, e a cerimônia, oficiada pelo prefeito da cidade emiliana, expressou, sem sombra de dúvida, uma promessa feita ao Céu.

Naquela manhã, a sala estava lotada, da plateia até o último balcão. E a emoção pela qual fui invadido, antes de cantar, era aquele tipo de inquietação que me acompanha quando estou prestes a enfrentar algo memorável.

Junto comigo, Veronica e meus dois filhinhos, Amos e Matteo. Estava também a insubstituível Mariella, nume tutelar da casa Bocelli que, no teatro, ajudava minha companheira a vigiar amorosamente as crianças.

O casamento foi bonito e superabundante; generoso, faustoso, alegre, comovente, exatamente como o esposo. Ele, sentado num dos dois tronos instalados no centro do palco, ela que vem ao encontro dele, radiante, depois de se fazer esperar, como é de praxe... E em seguida a música, com o coro gospel que abriu a cerimônia, entoando primeiro *Here Comes the Sun* e depois *Oh, Happy Day.*

Entre os convidados, Bono e Zucchero (com os quais nos divertimos após o almoço de núpcias, fazendo música juntos), mas também Lucio Dalla, Laura Pausini e muitos colegas ilustres do pop e também da lírica, de Carlo Bergonzi a José Carreras e Ruggero Raimondi.

No início, a pequena Alice, com a babá, ficou olhando irrequieta, de um camarote, a mamãe e o papai. Mas não demorou a se fazer ouvir, a tal ponto que Nicoletta preferiu tomá-la nos braços, no palco, e acalmá-la como só as mães sabem fazer, ganhando assim um aplauso supercálido por esse gesto simples e espontâneo.

Lutos e nova juventude

Enquanto cantava para o Mestre recém-casado, dez anos depois da primeira vez em que havíamos dividido um palco, eu refletia sobre esse gigante aquietado pelo amor e sobre os recentes tormentos que sua existência lhe havia imposto, a despeito da fama e da grande disponibilidade econômica.

Em 2002 ele tinha perdido ambos os genitores: em janeiro a mãe, Adele, e em maio seu amadíssimo pai, Fernando.

Poucas horas depois do enterro deste último, estávamos juntos, no palco do parque Novi Sad de Módena, com o coração na garganta. Havia sido o papai Fernando, no leito de morte, a lhe pedir que "cantasse para ele", que não renunciasse ao evento, como sempre organizado por Nicoletta. Duetamos em *Miserere, Parlami d'amore Mariù, 'O surdato 'nnammurato* e em *My Way*, sobre cujo texto sopra um vento de balanço existencial, com o desencanto de quem parece dar por concluída a estação dos sonhos.

Aquele concerto beneficente, cuja renda se destinou aos refugiados angolanos, foi dedicado a Fernando Pavarotti, como a apresentadora Milly Carlucci anunciou no início da noite. Ainda mantenho vivíssima a lembrança do último trecho do espetáculo: o Mestre chorando, diante da multidão que grita e aplaude, e depois todos os artistas no palco (de Sting a James Brown...), e ao piano os primeiros acordes de *Hey Jude*, numa versão coral que me coube iniciar.

No início dos anos 2000, misturaram-se alegria e dor de maneira tumultuosa na vida de Pavarotti, como no enredo de um dos muitos dramas em música que o Mestre enfrentou nos teatros do mundo, como duas cores distantes que se misturam na paleta. Sofrimentos no trabalho e também na vida privada: desde a ruptura com seu agente e o difícil divórcio da primeira mulher, até resfriados que o privaram momentaneamente de seu instrumento vocal, com o consequente cancelamento de importantes compromissos profissionais.

Depois, aquela alegria repentina ao saber que viria a ser — dentro em pouco — novamente pai... Após uma gravidez gemelar de risco, cheia de preocupações, veio ao mundo Alice. No entanto, o irmãozinho Riccardo morreu ao nascer. Evento que ofuscou pesadamente, em Pavarotti, a alegria pela paternidade renovada.

Enquanto cantava, no decorrer do rito nupcial, eu pensava na ousada vida de Big Luciano, e me sentia feliz por aquele seu grande coração que estava coroando um sentimento de amor, apostando em uma nova juventude. Pensava em sua aventura existencial, esfuziante, justamente como suas pinturas que me foram descritas, acendidas pelas cores acrílicas, suas preferidas. Um rio na cheia, como sua cozinha criativa e generosa, como seu admirável modo de cantar e encantar, como as emoções que ele fazia passar, do coração às cordas vocais, às plateias de todo o mundo.

Quem canta reza duas vezes

Santo Agostinho tinha razão: cantar significa rezar duas vezes. Estou certo de que Luciano Pavarotti sofreu pelo fato de não ter podido celebrar o coroamento de seu amor diante de um tabernáculo, metáfora da morada do Criador entre os homens.

Não numa igreja, mas no templo da lírica, ele desposou Nicoletta, mas sem dúvida naquela manhã a espiritualidade levou a melhor sobre a vertente mundana que, afinal, semelhante ocasião dificilmente poderia evitar. Por outro lado, a ribalta, para um homem consciente de haver recebido um dom do Céu, foi por quarenta anos um lugar, ao seu modo, de prece.

A *Ave Maria* que entoei no seu casamento foi meu modo de rezar pelo amigo, pelo Mestre. Escolhi a *Salutatio angelica*, a canônica prece mariana, a invocação musical mais célebre da cristandade, para dar metaforicamente um abraço nos esposos: aquela *Ave Maria* que eleva sua dulcíssima linha melódica justamente saudando a Virgem, depois dos dois primeiros toques de arpejos em sesquiálteras, composta por Schubert em 1825.

"Todas as manhãs, dedico a Deus aquilo que faço de bem e de mal", declarou em várias ocasiões Pavarotti, que com nosso Pai celeste mantinha uma relação solar, tal como solar era sua fé. Deus como um amigo, segundo Big Luciano, Deus como um pai a ser tratado por "você", porque "sabe tudo, sabe como somos quando nascemos e sabe como morreremos".

Há coisas que o coração consegue enxergar melhor do que qualquer olhar: aquele público de amigos que lotava o teatro de Módena, em 13 de dezembro de 2003, se emocionou muito, escutando a página de Schubert que eu entoei em homenagem ao casal. Mais uma vez, havia acontecido o milagre de um sentimento, puríssimo, que se desatava nas vibrações de uma melodia, para chegar intacto à alma de quem o escuta. Um prodígio que o tenor mais carismático da contemporaneidade já havia realizado um número infinito de vezes.

Do palco do "seu" teatro, no encerramento da cerimônia, recordo a voz do Mestre — tornada levemente hesitante pela emoção — saudando os convidados e agradecendo a presença deles. E o fato de ele sublinhar que o teatro era um pouco "a igreja dos artistas", o de chamar de "rainha" sua companheira, sentada ao seu lado, e de "princesa" a pequena Alice.

Alice que, naquela manhã, não queria saber de escutar música, e muito menos de estar nos braços de alguém que não fosse a mamãe.

No mesmo teatro, anos depois, Alice Pavarotti estreou num ensaio com sua escola de canto. E me contaram que seu pai, já muito doente, limitado à cadeira de rodas, fez de tudo para ir aplaudi-la: não quis faltar à estreia de sua amadíssima filha, sem se preocupar por mostrar ao público a face de uma saúde já comprometida. Uma presença que sem dúvida iluminou de alegria a pequena Alice.

O tempo da festa

O "perfume de casa" é uma disposição do espírito. Você pode senti-lo na tepidez de quatro paredes, mas também, como no caso do almoço nupcial que se seguiu ao casamento de Luciano, num enorme ex-hipódromo transformado para a ocasião em "Palawedding" graças a uma tensoestrutura que abrigava setenta mesas e que viu passarem dezenas de pratos (justamente como talvez só aconteça, hoje, nos casamentos campestres).

Um almoço nupcial riquíssimo em comida, música e solidariedade... Não havia nenhuma lista de casamento: quem quisesse dar algum presente aos esposos era encaminhado a uma das muitas associações humanitárias escolhidas, beneficiárias das doações.

Ali estavam os "pulcini", os pequeninos, do coro do Teatro Régio de Parma, cantando para os noivos, ali estavam os muitos convidados — inclusive eu — que depois subiram ao palco, numa série de improvisos divertidos e talvez até estimulados por um excelente Brunello di Montalcino.

E justamente quando erguemos os cálices, após o corte do bolo, foi o Mestre — e todos nós com ele — quem entoou o "Brinde" de *La Traviata*. Um dia inesquecível, para este gigante extravagante (para usar um adjetivo de sabor antigo, caro a Pavarotti). Extravagante como pode ser um grande artista, que tem fome de vida e que, como ele mesmo dizia, tem "a alma alegre, intimamente, profundamente alegre".

VI
Muitas gotas formam um oceano

Tornar-se filósofo

Tão diferentes, e no entanto tão parecidos, tão próximos em muitas situações da vida, em muitas predileções e experiências: às vezes quase me ruborizo ao verificar hoje como certas reflexões do Mestre, relatadas nas entrevistas e nos livros que lhe foram dedicados, não só poderiam ser assinadas por mim como correspondem àquilo que eu até disse e escrevi no passado.

Uma harmonia de sentimentos que talvez não me fosse tão clara, nos anos em que eu podia frequentá-lo, até porque nem me passava pela cabeça comparar-me com ele. Mas aquela consonância se refletia na empatia que escandiu nossos encontros, nossos longuíssimos telefonemas, muitas vezes intercontinentais.

Talvez por pudor, talvez pela delicadeza de não querer se aprofundar em eventos que, quem sabe, poderiam me desagradar, Pavarotti me mencionou uma só vez, e de relance, uma doença que o havia atingido, adolescente, marcando-o não tanto no físico quanto sob o ponto de vista psicológico ("espiritual" foi a palavra que ele usou).

Anos depois encontrei, nas entrelinhas de uma bela entrevista na qual o papel de entrevistadora era exercido excepcionalmente por sua mulher Nicoletta, a mesma confidência. E assim descobri que aos 12 anos o Mestre havia até caído num estado de coma, por quase quinze dias. Uma doença misteriosa que o consumiu a ponto de convencer os pais a chamar um padre e a dar ao pequeno Luciano a extrema-unção.

Duas semanas para "se tornar filósofo", como explicou Pavarotti, com seu costumeiro toque de genial ironia, no ato de dizer uma verdade e ao mesmo tempo manter o sorriso. Dias em que compreendeu o que é a vida, dando-se conta de que "na existência só há coisas importantes, importantíssimas e menos importantes. As menos importantes são aquelas às quais damos um grande peso; as importantíssimas são a família, o amor; a mais importante é a morte. Quando compreendi que estava para ir embora mesmo, me propus viver a vida no melhor dos modos e assim fiz, me tornei filósofo".

Creio nisso sinceramente. Ao seu modo, Pavarotti era filósofo, ou seja, "amigo da sabedoria". Bem sei como uma adolescência perturbada pode ser o momento no qual a gente decide ou reforça o próprio código ético e resolve a direção da própria vida. Compreendo as palavras de Luciano e creio nelas, já que eu mesmo, rapazinho, pouco antes de completar 12 anos, tive de enfrentar um grave problema ligado à visão (visão que aliás me fizera sofrer muito, desde o nascimento e ao longo da infância). De maneira traumática — por causa de um acidente banal, durante uma partida de futebol —, eu tinha perdido totalmente minha capacidade de enxergar, já parcialmente comprometida, caindo de repente no mais tétrico desconforto.

Às vezes o sofrimento pode ser um grande aliado, o encontro com o silêncio pode desencadear grandes sonhos, pode esclarecer as prioridades existenciais, pode ampliar os horizontes da alma. Não me espanta que um espírito tão sensível como Pavarotti possa ter planificado sua extraordinária existência, possa ter elaborado sua filosofia de vida, naqueles dias difíceis.

No fim de sua longa e apaixonante existência, creio que ele pôde, com razão, afirmar: missão cumprida! E, em certo sentido, ele o disse: "Penso que uma vida pela música é uma existência maravilhosamente vivida." Assim estava escrito, no site do Mestre, no dia de seu desaparecimento.

Mensageiro de paz

Das dez edições do "Pavarotti & Friends", três me viram no palco modenense, ao lado do Mestre: em 13 de setembro de 1994, em 28 de maio de 2002, em 27 de maio de 2003. Mas a solidariedade, para Pavarotti, foi uma urgência que encontrou correspondência bem antes daquela série de eventos.

Também nesta vertente, me deixa sem palavras a reflexão — agora que ele nos observa lá do Céu — sobre a forte sintonia de intenções e sobre as experiências que aproximaram nossos caminhos.

Não é simples enfrentar um assunto íntimo, privado, como é justamente o de fazer o bem. Ajudar o próximo é um privilégio que cada um deveria exercer com discrição e pudor, segundo suas possibilidades. Assim fez Pavarotti, por um longo período de sua vida, assim fiz eu mesmo, até poucos anos atrás, na vertigem de ser um grão de areia no deserto, mas também na certeza de ter o dever moral de me empenhar pelo bem-estar dos menos afortunados.

A experiência me ensinou que, se transmitirmos generosidade, e se compartilharmos a felicidade e a bondade que há em nós, tudo nos retornará multiplicado: "No reino do amor", escreveu um teólogo irlandês, "não há competição, não há possessividade nem controle: quanto mais amor nós dermos, tanto mais amor teremos."

"Tenho consciência de haver recebido de Deus um dom", dizia Pavarotti, "e este dom me permitiu ter um bem-estar financeiro. Portanto, sinto a necessidade humana de fazer algo pelos mais fracos, pelos filhos da guerra. É para eles que vão os proventos dos meus concertos de beneficência, para os filhos da guerra no mundo. Sei que esta ajuda é uma gota, mas muitas gotas formam um oceano".

É comovente constatar como também o grande Luciano tomou de empréstimo esta metáfora, esta grande lição de Madre Teresa de Calcutá: refletindo justamente sobre esta e outras frases de pessoas "iluminadas", eu mesmo amadureci ao longo dos anos a decisão de entrar no jogo renunciando àquele pudor que a beneficência usualmente requer, e criando uma Fundação que leva o meu nome. Unir as forças foi e é o slogan vitorioso de um apaixonante projeto que absorve muitas das minhas energias: poder ajudar concretamente o próximo, ser útil, na certeza da qualidade das intervenções.

Também eu, quando rapaz, pedi ajuda, também eu conheci a condição da necessidade, procurei um apoio, um socorro por parte do próximo. Depois tive a possibilidade ou, melhor dizendo, a alegria de retribuir: um desejo que se tornou responsabilidade, prioridade inderrogável, imperativo ético.

A ABF (Andrea Bocelli Foundation), nascida em 2011, é justamente isto: um laboratório vivo, uma coluna de sustentação feita de muitos pequenos grandes protagonistas ligados pela paixão pela música, os quais, de todas as partes do globo, se unem e se empenham com generosidade, a fim de que também as pessoas mais desafortunadas ou mais débeis tenham a possibilidade de uma vida plena de oportunidades e de beleza, e a fim de que quem merece possa encontrar energia e verdadeiras ocasiões para dar o melhor de si.

Também Pavarotti uniu as forças, com seu grandioso encontro anual dedicado à solidariedade, que congregou muitos dos maiores astros da música em nível planetário... Destinatários: as crianças dos lugares martirizados por guerras e carestias, da Bósnia à Libéria, da Guatemala ao Kosovo, do Camboja ao Tibete, do Afeganistão a Angola e ao Iraque.

A fundação traz o meu nome exatamente como os célebres concertos modenenses que eram identificados pelo nome do grande Luciano... Creio ser justo esclarecer qualquer equívoco eventual: dar o próprio nome não expressa um frívolo exercício de vaidade, mas antes a marca de um pacto, de uma inequívoca assunção de responsabilidade.

Todos o recordam como o maior tenor de sua época, está certo. Mas Pavarotti foi também um "mensageiro de paz". A definição (ainda mais bela se nos detivermos para captar seu sentido profundo) vem nada menos que de Kofi Annan, então secretário-geral das Nações Unidas, admirador e amigo dele.

"Sei que muitos aspectos da humanidade não são positivos", dizia o Mestre, "mas eu trabalho com música, e a música torna felizes as pessoas, de modo que recebo dela os melhores aspectos. A bondade é vitoriosa, é mais potente do que o mal, e me permite ser otimista, pensando no futuro da humanidade".

A força para seguir em frente

Falando de sua paixão pela pintura (um hobby que ele iniciou no final dos anos 1970, graças, ao que parece, ao presente de um estojo de têmperas, recebido de um admirador norte-americano por ocasião de uma récita da *Tosca*), um dia Pavarotti explicou que em sua opinião as cores eram uma das expressões mais genuínas da alma... "Meus quadros", disse, "são cheios de cores, justamente porque sou uma pessoa feliz, sou uma pessoa serena, e inevitavelmente isso transparece nas coisas que faço, inclusive nas minhas pinturas".

Em outra de nossas longas conversas, ele confessou que, "por dentro", ainda se sentia um rapaz, e que seu otimismo lhe permitira sorrir mesmo quando as situações da vida haviam sido particularmente tempestuosas. Explicou-me que não se envergonhava, ao contrário, até se orgulhava, de certa "ingenuidade da alma de artista" que o caracterizava...

Essa felicidade, responsável, contagiosa, era fruto de um percurso interior que eu creio ter também atravessado: uma trajetória nem sempre coincidente nos detalhes, mas que tem a mesma direção. Por trabalho, como Pavarotti, eu me dedico à minha maior paixão, a música. E a vida, feitas as contas, também comigo foi bastante generosa, tanto na profissão como nos afetos. Aquilo que muitos supõem ser meu maior problema é, ao contrário, o último da lista: difícil, se tanto, é arranjar-se nas mil contrariedades cotidianas (que sem dúvida a facilidade econômica e a notoriedade não contribuem para diminuir), na firme vontade de não ceder a compromissos, de não perder coerência e portanto serenidade, de não me tornar árido.

O amor é o motor do mundo, o canto é seu porta-voz. A alma precisa de amor tanto quanto o corpo precisa de ar. O amor, como inclusive Dante ensina, é o ritmo secreto do universo: assim que vislumbramos sua centelha, é essencial oferecer seu calor, como uma bênção, aos que têm fome, confinados no cárcere ou nos hospitais, prisioneiros das dificuldades. Nós artistas temos o dever de seguir estes antigos e atualíssimos ditames.

Se amarmos e permitirmos que nos amem, o medo se transforma em coragem, o vazio se torna plenitude. Tenho certeza de que Pavarotti, homem religioso, homem bom, filantropo, sempre pôs em prática tais princípios, e com eles atravessou a vida e superou as dificuldades, que no entanto subsistem, mesmo no nosso ofício, privilegiado sob muitos aspectos.

Quando estamos longe de casa, em turnê pelo mundo, não há luxo, não há satisfação financeira capaz de compensar a falta do lar, dos afetos familiares, dos amigos. Pavarotti raramente usou a palavra "melancolia", mas, quando o fez, sempre a relacionou com o afastamento em relação à família e aos seus amigos modenenses. Também nisso, sinto-o como um irmão.

Meu primeiro afastamento, doloroso, foi quando meus pais precisaram tomar a decisão de me enviar, menino, para um colégio longe de casa, a fim de que, aprendendo a ler, escrever e fazer contas, eu pudesse enfrentar a vida no melhor dos modos. Aquela foi a primeira separação de verdade, e me fez sofrer muito. A primeira de muitas: o destino das separações continuou a me perseguir sempre... Com frequência devo tomar um avião e atravessar os oceanos, deixando a família em casa, e a cada vez a melancolia se faz sentir.

É um preço a pagar, quando se precisa percorrer o mundo a trabalho. Sabia-o Pavarotti, que passou muito tempo de sua vida em voo, e eu também tenho pungente experiência disso: mas o único jeito que temos de responder ao afeto que nos é demonstrado em todas as latitudes é o de embarcar num avião, mais uma vez...

A profundidade da simplicidade

Pouco mais de duzentos quilômetros separam a terra onde nasci da periferia modenense onde Luciano Pavarotti veio ao mundo. Panoramas diferentes, perfumes diferentes, mas um idêntico e grande amor, agradecido, pela própria terra, unido ao respeito pelo trabalho e ao apego às próprias tradições seculares.

Pavarotti nasceu às margens da cidade, junto aos campos. E manteve na idade adulta aquelas características de genuinidade, de pragmatismo, de exuberância, próprias do mundo rural que o viu crescer. Inclusive suas tiradas argutas, a simplicidade vitoriosa de sua postura diante dos grandes da terra, eram filhas desta cultura camponesa que o nutriu.

Recordo que, ao ler — já faz muitos anos — sua autobiografia, fiquei impressionado pela desarmante franqueza do autor, ao assinalar a própria simplicidade, apesar de "tudo o que havia acontecido" em sua vida. Ele chegou a explicar, ternamente, como desde jovem gostava dos livros profundos e "importantes", e como, ao se preparar para escrever a própria história, se sentira inicialmente investido pelo mesmo dever: dizer coisas novas, relevantes e bem ponderadas.

Para em seguida compreender que o caminho da sinceridade, o caminho da plena honestidade intelectual, era o único percorrível.

Memorável, a frase que fechava o capítulo introdutório: "Amo a minha vida, e espero que vocês também venham a amá-la."

Único homem no meio de uma grande família constelada de figuras femininas, mais de uma vez o Mestre expressou seu amor solar e incontível pelo universo-mulher, pela outra metade do céu. Ele contava que, desde pequenino, era mimado pelas parentes próximas (da mãe à avó superjovem, à bisavó, às muitas tias), além das vizinhas, e todas competiam para segurá-lo no colo. Portanto, dizia, seu primeiro público foi um público feminino, um "ninho de mulheres" graças ao qual ele cresceu sereno e extrovertido. De fato, percebia-se (digo isso sem nenhuma malícia) como, ao aparecer uma mulher, em qualquer situação, o Mestre se iluminava e se dispunha a dar o melhor de si, por uma íntima e totalmente compreensível atitude.

"Eu devo tudo às mulheres", dizia, meio de brincadeira, glorificando a sensibilidade delas, recordando toda a parentela feminina, incluídas naturalmente as amadíssimas filhas, para em seguida passar às colegas e amigas, de Mirella Freni a Joan Sutherland...

Também eu, movido, para o bem e para o mal, por um temperamento passional, não escondo que sou sensível, desde sempre e fortemente, ao fascínio feminino. Quanto à dimensão da sensualidade, para mim foi cruz e delícia da existência inteira. Cruz porque os excessos trazem problemas, e você pode fazer sofrer quem vive ao seu lado. Portanto, tive que... botar a cabeça no lugar! E assim fez também o Mestre, encontrando em Nicoletta sua companheira, conselheira e amiga da maturidade, além de mãe de sua adorada caçula Alice.

VII
Estados Unidos, primeiro amor

Na esteira de Big Luciano

Nova York é o centro de gravidade do mundo, o Central Park é um de seus pontos nevrálgicos, um pulmão verde, mágico, um lugar carregado de sugestões: quem viaja o encontra fatalmente, mais cedo ou mais tarde, em seu caminho. Gosto de pensar que quem o frequentou quarenta anos atrás provavelmente encontrou Cassius Clay fazendo jogging! Todos os grandes atletas americanos pisaram aquela imensa extensão de verde em busca de um influxo de oxigênio, todos os pintores, os escritores, os músicos, os cantores chegados a Nova York para se exibirem no Madison ou no Met seguramente passaram por aqui.

O mesmo gramado, a mesma soberba moldura perimetral de arranha-céus suavizada por um pedestal de árvores, que me viu fazer um concerto em 15 de setembro de 2011 (um show em que compartilhei o palco com convidados do calibre de Céline Dion e Tony Bennett, e do qual depois foram feitos um CD e um DVD), remetem a eventos já passados na história, como o concerto de Elton John em 1980 ou o de Simon & Garfunkel ocorrido em 19 de setembro de 1981. Mas, sobretudo, remetem àquele extraordinário concerto de Luciano Pavarotti, o qual cantou e triunfou no Central Park, em 16 de junho de 1993, acompanhado por membros da mesma orquestra que, no mesmo palco, me dirigiu anos depois.

Com os Estados Unidos, Pavarotti gostava de dizer que havia vivido uma "longa história de amor". Uma relação de afeto inaugurada em 1965 em Miami, cidade da Flórida que se manteve como um lugar particularmente amado pelo Mestre (e que eu mesmo amei e amo, a ponto de passar ali alguns dos poucos momentos de relax que me concedo, junto com minha família).

Quanto a Nova York, Pavarotti sempre destacou o fascínio que esta exercia sobre ele, e uma sensação de jubilosa exaltação, a cada vez em que voltava lá.

Seu "Live in Central Park"

Há quem tenha identificado uma espécie de herança moral, um fio condutor, ligando aquele evento de muitos anos atrás ao meu concerto... Conservo uma lembrança vívida do seu "Live in Central Park": eu era jovem, acompanhei-o pela tevê, foi um concerto portador de uma enorme emoção... Um daqueles momentos em que você se sente orgulhoso de ser italiano.

Calculou-se que cerca de setenta mil pessoas puderam aplaudi-lo ao vivo! Naturalmente, eram outros tempos: depois do 11 de Setembro, tudo ficou mais difícil e já não foi possível acessar o parque em ordem esparsa, tornou-se necessária a observância de rígidas medidas de segurança.

Junto com Pavarotti, dirigido por Leone Magiera, estavam o Boys Choir of Harlem e um jovem flautista de grande talento, Andrea Griminelli, que se apresentou como solista e duetou com Luciano em alguns trechos muito conhecidos. Justamente o mestre Griminelli, que fez mais de 150 concertos com o tenor modenense, mais tarde aceitou retornar, com sua flauta de ouro, ao Great Lawn do Central Park, ao meu lado. O amigo Griminelli, que me confidenciou o quanto ficou emocionado pelo evento de Pavarotti, a ponto de esquecer o fraque em casa, coisa de que se deu conta vinte minutos antes do início do concerto. Por sorte, encontrou um amigo que o salvou na última hora, emprestando-lhe uma calça preta!

De seu concerto no Central Park, naquela vez agraciado pela meteorologia (em 1991, no mesmo teatro natural, o mau tempo havia interrompido a exibição do mestre, depois de dois ou três números), recordo composições como *Quando le sere al placido* de *Luisa Miller* de Verdi, *E lucean le stelle* de *Tosca* de Puccini e, naturalmente, *Nessun dorma* de *Turandot*. Trechos operísticos, portanto, ao lado de romanças e canções, de *Mattinata* de Leoncavallo (a ária que no ano seguinte marcaria minha estreia no "Pavarotti & Friends") a *Non ti scordar di me*, de *Rondine al nido* a *Occhi di fata*, sempre duetando com Griminelli.

Uma romança, *Occhi di fata*, à qual sou particularmente ligado: recordo que me impressionaram muito tanto a interpretação do Mestre quanto o sucesso calorosíssimo tributado pelo público americano a esta pequena joia assinada por Luigi Denza... Em 2002 eu a incluí no álbum *Sentimento*. E no mesmo ano esta música coincidiu com uma guinada fundamental na minha vida particular: de fato, durante uma festa, conheci Veronica, a mulher da minha vida.

Aconteceu em 8 de maio de 2002, no mesmo dia em que, no Metropolitan de Nova York, estava prevista uma esperadíssima *Tosca* com Pavarotti, que o tenor cancelou, com grande clamor da mídia norte-americana (para mais tarde voltar, triunfalmente, em 2004).

Naquela noite, em Cento, província de Ferrara, num dia sombrio apesar da estação, por causa da forte chuva, na festa de um conhecido historiador de arte dedicado à política, conheci uma estudante universitária. Era época de exames, e dali a dois dias ela teria um. Mas uma sua amiga jornalista, convidada, havia lhe pedido que a acompanhasse. Eu também teria preferido ficar em casa com meus filhos, mas meu empresário de então insistiu muito...

Recordo que, poucos minutos depois de tê-la conhecido, dediquei-lhe justamente *Occhi di fata*, e talvez isso a tenha lisonjeado. O fato é que no decorrer de uma noite, um aperto de mão e uma canção revolucionaram completamente nossa vida. Foi a química, nesse caso, que falou por nós:

uma dimensão incontrolável à qual é inútil tentar fugir. É a vida que escolhe, você deve simplesmente ter a coragem de escutá-la: a um convite, a uma carícia, reagimos percebendo uma vibração fortíssima, e o destino nos indicou a direção.

Em certo sentido, sempre que canto uma canção de amor, idealmente a dedico a ela. Veronica é a companheira, a amiga, a amante, cúmplice na alegria e na dor, ponto de referência essencial que proporciona calor, serenidade e unidade no seio da família. Provavelmente, se não a tivesse encontrado ao longo do meu caminho, eu hoje teria até parado de cantar. A existência, em sua ininteligível maravilha, às vezes dá presentes inesperados... E nada, exatamente nada, acontece por acaso!

Minha "One night in Central Park"

Existem dois tipos de emoção. Aquela que recarrega você e lhe presenteia um estado de quase felicidade estava presente naquele dia. Ao passo que a emoção negativa, aquela que lhe tira forças, por sorte se fez sentir com moderação. Para o concerto no Central Park eu tinha me preparado durante meses: estava muito consciente, sabia ter feito todo o possível para estar pronto, tanto física quanto vocalmente, para aquele encontro. Além disso, espaços abertos tão grandes me incutem menos medo do que um teatro, no qual você tem sempre de estar atento até às vírgulas.

Num palco como aquele do Central Park sente-se mais o afeto das pessoas. O público não estava ali para procurar defeitos em cada nota... Às vezes, cantar diante de vinte pessoas que estão a poucos centímetros é mais complicado do que num espaço tão grande. A vastidão ajuda. É por isso que, na Arena de Verona, eu canto de bom grado. Ao passo que, num teatro, a primeira fila está a um metro de distância, e essa é uma condição que faz com que eu me sinta "nu", descoberto.

Honestamente, naquele dia temi um pouco pela resistência da voz, até porque, durante o ensaio geral, havia percebido alguns indícios de cansaço. No entanto, não tive problemas, sempre com a mão do bom Deus que me ajudou (porque de outro modo, só com nossas forças, fazemos bem pouco)!

Transmitida nos Estados Unidos pelo canal televisivo WNET, minha "One Night in Central Park" se tornou mais tarde um CD e um DVD distribuídos em mais de setenta países mundo afora... Uma experiência inesquecível, que compartilhei com setenta mil pessoas: setenta mil amigos que se mantiveram, imperturbáveis, ouvindo e aplaudindo sob a chuva, naquele 15 de setembro de 2011. Um "Once in a Lifetime Musical Event" que vivi numa maratona musical que durou até altas horas, acompanhado por um dos mais célebres conjuntos instrumentais do mundo, a New York Philharmonic Orchestra dirigida por Alan Gilbert, junto com o Westminster Symphonic Choir.

Para a gravadora Sugar (selo que me acompanha desde meus primórdios canoros), este "monster event" custou dezesseis meses de trabalho e um investimento de mais de dez milhões de dólares... Foram necessárias setenta carretas e quase catorze mil horas de trabalho dos maquinistas, cinco enormes gruas e 23 empilhadeiras, para montar o espetacular semicírculo estrelado do palco, uma astronave de luz realizada para a ocasião.

O show, monitorado por trezentos encarregados da segurança, aconteceu poucos dias depois do décimo aniversário do trágico atentado terrorista às Torres Gêmeas. Um motivo a mais, de minha parte, para voltar a Nova York e presentear à cidade o meu maior concerto: uma festa da música e do Made in Italy, mas também um símbolo tangível, um rito coletivo, que deu voz ao desejo unânime de recomeçar a considerar justamente a partir daqui (na mensagem de civilização e de paz que a música traz consigo) o novo milênio.

Recordo as palavras do presidente Obama, pronunciadas no Marco Zero, a poucos dias do meu espetáculo: "O futuro é dos que querem construir, e não destruir." Talvez um concerto também possa ajudar a edificar a paz.

Os nossos Estados Unidos

Os Estados Unidos, para mim, estão ligados à lembrança do meu pai, Sandro... Mesmo depois dos meus primeiros sucessos, o conselho dele era sempre o mesmo, sem hesitações, sugerido com a insistência de um refrão: "Você deveria ir aos Estados Unidos". Também para ele, evidentemente, era o lugar onde os sonhos se realizam, onde tudo é possível, uma terra tão maravilhosa que soube eleger um presidente afro-americano.

Sandro Bocelli jamais havia posto os pés em solo norte-americano. Mas estava convencido de que, se havia um lugar onde meu talento seria valorizado, com certeza seria lá. Uma ideia amadurecida em suas leituras, nas notícias e nas histórias filtradas a partir da televisão e do imaginário coletivo de um país como a Itália, que desde sempre olhou para o outro lado do oceano como para uma terra mítica de democracia e de oportunidades (entre 1880 e 1915, desembarcaram nos Estados Unidos mais de quatro milhões de italianos).

Poucos meses após a morte do meu pai, fui a Nova York, ao Marco Zero, a convite do prefeito Rudolph Giuliani, e cantei a *Ave Maria* de Schubert diante de uma multidão atônita, durante o "Memorial" pelas vítimas do 11 de Setembro. Pensei intensamente no meu pai, naquele dia de 2001, sob o que restava das Torres Gêmeas. Num momento muito difícil para mim e para o mundo inteiro, encontrei na lembrança dele a força para cantar.

Não só "fazer fortuna": "encontrar a América", no jargão italiano, significa adquirir consciência das próprias potencialidades, poder expressá-las, enchendo de sentido a própria existência. Exatamente como Luciano, eu amo Nova York, a cidade que nunca dorme, amo a América inteira, sou de casa nos Estados Unidos, onde sou acolhido "como em casa". A cada vez encontro um Estados Unidos acolhedor e familiar como uma segunda morada.

De Nova York a Chicago, da Filadélfia a Los Angeles, de Miami a Las Vegas, de Detroit a Nova Orleans, por toda a parte nos Estados Unidos recebi aprovação e afeto. Com frequência me pergunto o porquê dessa empatia, de tanta generosidade. Creio que são coisas que escapam à razão, aprendi a não querer compreendê-las a todo custo. Na minha vida, como na de todos, convém contar também com o imponderável, com o que está escrito no livro dos destinos.

Eu arriscaria um indício, que pode se referir a Luciano Pavarotti e talvez também a mim mesmo: somos ambos críveis, jamais fingimos, jamais imitamos nada nem ninguém, sempre propusemos coisas nas quais acreditávamos, artisticamente e na vida.

Os Estados Unidos têm sede de cultura italiana. O povo norte-americano tendencialmente não tem preconceitos e é sincero em seus amores e desamores. Amou e sempre amará Pavarotti, assim como me amou e me ama.

A italianidade que os Estados Unidos percebiam, arrebatados, em seus concertos, também era feita do saber apresentar uma frase musical inserindo nela os valores que dão suporte a uma vida. Uma italianidade feita de bom senso, da arte da amizade, da quantidade de amor que se investe naquilo que se quer comunicar. Era um dos segredos do sucesso de Luciano, e é o que também eu, modestamente, humildemente, procuro fazer.

VIII

À mesa com Pavarotti

Os inconvenientes do cantor lírico

"É improvável que quem sofre de dor de estômago seja um bom cantor." Assim me dizia ele, brincando, quando estávamos em seu restaurante preferido, em Módena, onde aliás se celebrava anualmente a grande recepção após seu "Pavarotti & Friends". Um verdadeiro templo da cozinha artística, onde comi um risoto ao vinagre balsâmico que até hoje recordo com langor.

Como já lembrei, o Mestre não parecia ter complexos e compreendia que, afinal de contas, até o seu corpanzil havia contribuído para aquela reconhecibilidade que convém a um artista. Mesmo assim, declarava: "Entre mim e a comida está em curso uma partida, às vezes venço eu, às vezes é ela quem me derruba"... Falava de seu tratamento emagrecedor à base de abobrinhas e ínfimas porções de carne temperada com azeite, listava os pratos dos quais não devia nem se aproximar, e mencionava também o papel de Nicoletta em ser a voz da consciência "que detém o braço a cada três garfadas", recordando-lhe a dieta.

Convicto defensor do ritual da refeição que devemos consumir instalados a uma mesa, da nutrição como arte a ser saboreada com a justa e necessária lentidão, amava o aspecto lúdico, convivial, do "comer junto".

No palco, assim como à mesa, não se envelhece: quem frequenta um aprecia a outra! Esse é o meu pensamento, alinhado com a tese de Luciano. O cantor de ópera, geralmente, é bom de garfo e tem dificuldade de se limitar. Claro, um problema real é representado por aquele fenômeno fisiológico que — se aumentado na frequência e na intensidade — pode se tornar um problema sério: o refluxo gastroesofágico. É quase uma "doença profissional" para nós cantores, a manter sob vigilância mediante alguns cuidados a mais, à mesa. Por exemplo, limitando o consumo de frituras, bebidas gasosas, bebidas alcoólicas, carnes particularmente gordas, condimentos como manteiga e banha de porco...

Creio que a linha divisória mais importante está na qualidade da comida, mais do que na quantidade que se consome: um excelente embutido proveniente do porco crescido na fazenda, nutrido com alimentos saudáveis e naturais, não se compara a um presunto cheio de conservantes.

Quanto às vitualhas capazes de beneficiar a garganta, diz a lenda que Maria Callas, antes de uma apresentação, achava útil comer enchovas e beber leite quente. Cada um tinha e tem as próprias convicções, as próprias simpatias culinárias... Entre os alimentos mais cotados, o alho e o mel.

Voltando ao inimigo número um do cantor, o refluxo gástrico, muitos alimentos não estimulam o aparecimento dele: dos queijos frescos às carnes (desde que não sejam defumadas), das frutas (menos as cítricas) aos ovos (não fritos ou cozidos). Estes, aproximativamente, são os bons hábitos alimentares a observar. Mas, infelizmente, as fugidas à regra — e assumo a responsabilidade de falar em nome da categoria inteira — são frequentes!

Vitualhas e palco...

Pavarotti afirmava se abster de comida antes de cantar, e, ao contrário, beber muita água antes de subir à ribalta. Para falar a verdade, floresceram muitas lendas sobre o que ele bebia antes de cantar (há quem diga que adorava uma conhecida bebida gasosa), mexericos que eu jamais quis aprofundar.

Meu training, antes de um compromisso vocal importante, comporta a eliminação do vinho e do café. Além disso, não posso de modo algum sobrecarregar meu corpo. Portanto, sigo uma dieta rigorosa, semelhante à de um desportista antes de uma competição. Nós, cantores, somos artistas mas também atletas, nosso instrumento musical é um sistema complexo e delicado, no qual muitos músculos são chamados a interagir.

Algumas horas antes da apresentação, devo fornecer ao organismo uma quantidade de energia suficiente para o esforço que me será exigido em cena... Portanto, proteínas, açúcares, mas também carboidratos (privilegio o arroz ao azeite). Estou de acordo com o Mestre Pavarotti, uma garrafa de água natural deve estar sempre ao alcance da mão!

Sei que, para longas turnês em países distantes, o Mestre pedia para ter um cozinheiro italiano ou, melhor ainda, para levar consigo um de sua confiança. Como o compreendo! Já que passo boa parte do ano rodando pelo mundo, para mim cada sabor reconduzível à Itália (da massa aos queijos, à pizza) se torna sabor de casa; então, por um lado, aumenta a saudade, e por outro alivia momentaneamente a ausência do lar. Para não falar do perfume, da força evocativa do café e, naturalmente, dos vinhos! Quem interpreta a ópera lírica fatalmente encontra o vinho em sua trajetória: do *Don Giovanni* de Mozart ao *Falstaff* de Verdi, e aos muitos, célebres "brindes" do melodrama.

Preferências culinárias

Na casa do Mestre, mais em Módena do que em sua *villa* de Pesaro ou no apartamento de Nova York, eu percebia a arte e o prazer de jantar em companhia: Luciano vivia a mesa como símbolo da família, como um modo de estar entre amigos, de brincarem juntos. E preferia não as mesonas compridas, mas uma redonda, na qual os comensais pudessem estar vizinhos, num clima de distensão e confiança.

À MESA COM PAVAROTTI

O Mestre era um bom cozinheiro, orgulhoso de algumas de suas massas e de dois ou três pratos principais (entre os quais, se não me engano, um à base de linguado e camarões frescos).

Pode ser que eu tenha preferências menos elaboradas... Posso dizer o que não me atrai particularmente: as sopas. A verdade é que gosto de quase toda a boa cozinha, embora exagerar não seja meu hábito.

Adoro os sabores genuínos, o nosso queijo *pecorino*, o pão toscano, amo os embutidos, quando produzidos artesanalmente, as verduras da horta e, na qualidade de italiano da gema, a massa: *al pesto*, *al sugo*, mas também simplesmente ao azeite (se for azeite das nossas terras)...

Preferências culinárias à parte, também a mim agrada sobretudo o rito de convivência que reúne cotidianamente uma família em torno de uma mesa. Uma cerimônia nada exclusiva: desde quando eu era garoto, na casa dos Bocelli havia sempre espaço para quem quisesse compartilhar a refeição. E a tradição se renova: à mesa, somos em média entre doze e quinze, porque comparecem as pessoas que trabalham no escritório do empresário, as que cuidam da casa, os parentes, os amigos que vêm nos ver... Minha companheira Veronica e eu, em casa, só jantamos sozinhos exclusivamente na véspera do Natal!

Ao contrário de Pavarotti, mesmo sendo também um ótimo "consumidor", minha tendência é deixar em mãos mais experientes a tarefa de se arranjar na cozinha. Um bom cantor lírico não tem que ser um artista também entre as panelas.

Uma receita à qual me sinto ligado (e sobre a qual me lembro de ter falado com o Mestre), tão simples quanto suculenta, tem a ver com um animal selvagem particularmente apreciado na Toscana (inclusive por personagens do calibre de Giacomo Puccini): o javali. Cuja carne, à mesa, sempre foi sinônimo de festa.

Tendo-a escutado muitas e muitas vezes de minha mãe Edi, tento relatá-la...

Trata-se do javali ensopado, dito também "à caçadora". A carne deve ser picada e lavada em água corrente. Em seguida é novamente lavada com vinagre: depois de uma primeira refogada na frigideira, onde foi colocada ainda gotejante, é separada do líquido em excesso. Irá então para uma nova panela, onde já terá sido preparado um tempero com todos os aromas à disposição, do aipo à cenoura, da cebola ao alho, do alecrim à sálvia. Depois de alguns minutos, a carne deve ser coberta por uma mistura — a cinquenta por cento — de vinho Sangiovese e água. Deixada a cozinhar por duas horas, é acrescida de uma mistura de extrato de tomate e sal.

Último toque: o aroma fundamental dado pelo louro e por uma pitada de pimenta-malagueta... Mas não muito, para não forçar o equilíbrio, prevalecendo sobre os outros sabores (comportando-se como um mau cantor, que num trecho de conjunto se sobreponha aos colegas).

IX
Pavarotti pop

Um entrelaçamento de vibrações

A ópera lírica (e o repertório clássico, em geral) propõe uma música complexa, que conheceu um desenvolvimento secular. Todo grande compositor a renovou e a fez crescer. A quem a executa e também a quem a escuta, pede mais paciência e talvez até mais espírito de sacrifício. Tudo isso, porém, é amplamente recompensado, para o intérprete e para o público, porque a ópera oferece sensações tão profundas que permanecem no coração por toda a vida. Cantar uma canção, ao contrário, é como sussurrar ao ouvido de uma criança, é a proposta de uma experiência lúdica.

A música ligeira nasce mais do instinto, é uma arte que se baseia muito na improvisação. Arriscando uma comparação culinária, a canção é como um doce, fácil de fazer e de degustar, que agrada de imediato, mas que deve ser comido com parcimônia, porque pode enjoar. E isso, com a ópera lírica, não acontece.

Mario Lanza, o cantor ítalo-americano poliédrico por excelência, aquele que fez os Estados Unidos por inteiro se apaixonarem pela lírica, o ator, o deus: foi ele, para Pavarotti, o primeiro e mais poderoso exemplo de tenor avesso às categorias e às regras. Uma admiração formidável, por parte do Mestre, que desde jovem cultivava uma alma, em certo sentido, um pouco anárquica...

O cantor Bono, vocalista do U2, grande amigo de Pavarotti na maturidade, dizia que o Mestre abrigava uma alma rock, ou melhor, punk! Creio que se referia à sua extraordinária abertura mental, ao desprezo pelas convenções, a um saudável narcisismo (necessário a qualquer homem de espetáculo), ao desejo de experimentar e de "brincar" com a música e, no fundo, também com a vida.

Não esqueçamos que, em 2000, o maior tenor do mundo aceitou se apresentar no festival de Sanremo em dupla com Fabio Fazio: um encargo que ele soube honrar brilhantemente. Sete anos depois, por ocasião do funeral de seu amigo tenor, Bono pronunciou outra frase de efeito, que soava mais ou menos assim: "Alguns podem cantar uma ópera, Luciano Pavarotti era uma ópera."

Outro mito, nos gostos musicais de Pavarotti, no decorrer de toda a sua vida, foi Fred Buscaglione. Portanto, suponho que sua chamada "guinada pop" germinou, talvez até por décadas, bem antes da canção *Caruso* e, mais tarde, de *Miserere*.

Para falar a verdade, sua escolha foi sempre mais desenvolta, com o passar dos anos, e muito hostilizada por alguns críticos musicais. Críticos que o davam — erradamente — por acabado, como intérprete lírico, estigmatizando além disso o constrangimento que volta e meia o Mestre demonstrava, duetando com voz rigorosamente impostada, em algumas canções aparentemente distantes de sua sensibilidade.

Continuo, porém, a pensar que a um artista do seu calibre, com uma voz na qual se fundiam "a brandura de Gigli e os agudos de Lauri Volpi" (como foi sagazmente observado, há muitos anos), tudo é permitido. Inclusive aquela grande brincadeira que foi o *crossover* (ou seja, cruzamento cultural). Porque tudo, até o dueto mais arriscado, mais temerário, consegue brilhar mesmo assim, imerso na poeira de ouro de sua qualidade vocal e de sua soberba musicalidade.

O dueto

Mesclar o timbre de duas vozes, fazer as vibrações delas se entrelaçarem, é um desafio, uma experiência emocionante. Então, compreendo perfeitamente o desejo de Luciano de se medir dessa maneira, como fez, a partir dos anos 1990, com um número vastíssimo de artistas pop e rock, de Eros Ramazzotti a Gianni Morandi, de Ligabue a Laura Pausini, de Piero Pelù a Biagio Antonacci. Quanto aos estrangeiros, a lista é impressionante... Citando de memória, recordo Bono, Anita Baker, Sting, Grace Jones, Tracy Chapman, Barry White, Elton

John, Eric Clapton, Liza Minnelli, Céline Dion, James Brown e muitos outros. Não creio que tenha se tratado de uma operação calculada, de astúcias ligadas ao marketing por parte de um artista chegado à sua maturidade.

A escolha de um parceiro vocal é questão de razão mas também de coração, de sentimento: exatamente como um pintor avalia se duas cores podem se harmonizar entre si, e quais nuances produzem, quando são combinadas; de igual modo, nós cantores estamos em busca de colegas — às vezes até muito distantes por impostação vocal — capazes de dar vida a essa alquimia, exaltando e potencializando reciprocamente as qualidades expressivas, neste momento mágico e "suspenso" que é o dueto.

Também no âmbito lírico, o dueto é um dos eixos da estrutura narrativa do teatro musical. E a dificuldade de cantar junto com alguém, tanto no repertório lírico quanto no pop, corresponde à sua beleza: é preciso encontrar um entendimento, uma vibração comum. É de fato uma experiência pessoalmente gratificante.

Cruzamentos estilísticos

Tenho um grande respeito pelo homem e pelo artista, de modo que não me permito avaliar ou sopesar as opções de Pavarotti. Sem dúvida, seu carisma lhe permitia ser "também" um popstar, sua musicalidade era a tal ponto arrebatadora que autorizava qualquer aventura, até a mais arriscada. E vale destacar que, inclusive através da atividade dos "Três tenores" e dos muitos duetos pop e rock, no fundo Pavarotti trouxe a lírica à atenção popular e universal, revalorizando — como já tive oportunidade de lembrar — o perfil do tenor aos olhos do grande público.

Ele procurava (quase sempre, com êxito) realizar da melhor maneira aquilo que era capaz de doar aos outros, expressando sua personalidade e seu insaciável apetite pelas coisas belas e novas que a vida podia lhe oferecer. Foi o primeiro a fazer apresentações — sempre lotadas — em estádios ou em grandes parques, desvinculando a música lírica dos teatros e das salas de concerto... Exatamente como um deus do cinema, como um rockstar, o "rei do dó de peito" foi recebido em programas de televisão em todo o mundo e, nos Estados Unidos, teve a honra de conduzir, montando um cavalo, o desfile nova-iorquino do Columbus Day. Apesar de algumas concessões narcisísticas temerárias, como sua aventura de ator no filme *Yes, Giorgio*, ou a de usar seu sobrenome num ramo extramusical (o perfume "Pavarotti for man", por exemplo), ele expressou plenamente a si mesmo. Um personagem de tal envergadura não pode ser julgado.

Quanto ao já citado *crossover*, bem sei como frequentemente o termo foi relacionado com minha atividade. No entanto, não me reconheço nisso e, francamente, nem gosto dele. Creio que a música clássica e operística de um lado e o pop do outro são universos diferentes, cada um com dificuldades, peculiaridades e dignidade artística próprias. Mais do que entre pop e clássica, prefiro distinguir entre música bela e música feia (um conceito que Big Luciano também reiterou várias vezes). E é fácil identificá-la, já que a diferença fundamental está nas consequências que ela gera. A música bela é aquela que, mesmo sendo frequentemente mais difícil de abordar, aos poucos entra na pessoa e a ajuda a crescer, desenvolvendo-a espiritualmente.

No âmbito não operístico, destaco o Pavarotti das grandes canções napolitanas: um repertório que ele conseguia percorrer com superior intensidade, com um fraseado doce e cativante.

"Quero ser lembrado como um cantor lírico": assim disse, pouco antes de morrer, Luciano Pavarotti. Penso que semelhante anseio, vindo de um gigante do seu calibre (na arte e na vida), deve ser recebido com a devida atenção.

A doçura prodigiosa e argêntea de sua voz, a suavidade dos seus *mezzoforte*, a homogeneidade ao longo de toda a sua extensão vocal, o tinido adamantino de seu registro agudo, a soberba inteligência na utilização da coluna respiratória sem jamais forçar, o refinamento instintivo de uma musicalidade portentosa fazem de Luciano Pavarotti um dos tenores mais importantes da história da lírica de todos os tempos.

Sob o ponto de vista da emissão, muitas vezes me aconteceu refletir sobre quais são as deformidades reais, entre a voz natural e a "impostada". Naturalmente, escutando meus discos, percebo que o timbre da voz, se canto uma canção, em parte é diferente em relação ao utilizado no âmbito lírico.

Mas, pensando bem, é isso que acontece a cada um de nós no uso cotidiano da voz: se você está com raiva tem um timbre, se fala com sua namorada ou com uma criança, tem outro.

Quanto ao uso da respiração, não há diferenças entre os âmbitos lírico e pop. O timbre muda em razão do uso que o cantor faz dos ressonadores: interpretando uma canção, existe a mediação dos microfones, que idealmente são o ouvido de quem está escutando você. Ao passo que, quando se canta ópera, é preciso alcançar uma plateia distante, ultrapassar a parede da orquestra. Nesse caso, o organismo se supre com recursos naturais: no decorrer dos séculos, o homem descobriu que na parte occipital do rosto existem os chamados ressonadores, e é espontâneo utilizá-los para projetar a voz longe. Mas a utilização da respiração, repito, para a lírica ou para o pop, permanece a mesma.

X

Nossos mestres

Paixão fulminante

Nas respectivas infâncias, tanto a casa dos Pavarotti quanto a dos Bocelli ressoavam de música, de árias de ópera, de paixão autêntica pelas grandes vozes. O Mestre citava seus primeiros grandes amores: Caruso, Di Stefano, Tagliavini, Kraus, Corelli, Bergonzi, Raimondi, Björling... E contava, de bom grado, sobre a paixão fulminante que resultou, em sua vida de menino, do encontro com Beniamino Gigli.

Em 1947, o celebérrimo tenor recanatense cantou no Teatro Municipal de Módena, ao lado de Lina Pagliughi, numa produção operística (*Lucia di Lammermoor*) organizada justamente pelo Coral Rossini (do qual fazia parte o pai de Luciano, Fernando, e do qual também faria parte Big Luciano). Dispondo de semelhante pistolão paterno, o adolescente Pavarotti pediu para conhecê-lo e conseguiu. Foi ao teatro, de manhã, sabendo que encontraria o artista, o qual costumava exercitar a voz fazendo meia hora de abundantes exercícios vocais. Pavarotti contava como, depois de escutar escalas e arpejos, empolgado pela vocalidade impetuosa de seu cantor predileto, se aproximou de Beniamino Gigli, apresentando-se e explicando seu desejo de também se tornar um tenor.

À reação sorridente de Gigli, o pequeno Pavarotti lhe perguntou por quanto tempo ele havia precisado estudar (para conseguir cantar tão bem), e o tenor (então com 57 anos) respondeu: "Parei cinco minutos atrás." Uma lição magistral, compreensível até para um garoto: uma resposta que o Mestre modenense repetia com frequência, recordando aquela breve conversa com o colega mítico.

Gigli viria a falecer dez anos mais tarde, ao passo que exatamente cinquenta anos depois da morte do recanatense (e exatamente trinta após a de Maria Callas) seria a vez de Big Luciano.

A vida do Mestre foi distinguida por outros encontros fundamentais, como aqueles com seu primeiro professor, Arrigo Pola, e com a batuta de Tullio Serafin (mas também com Herbert von Karajan, sob cuja regência ele estreou no Scala, ou com Joan Sutherland, a quem conheceu no Covent Garden).

No meu caso, porém, a paixão fulminante que decidiu meu futuro foi protagonizada por Franco Corelli. O encontro não foi *de visu*, mas com a voz dele. Se minhas preferências pela música clássica e operística já estavam inscritas nos meus cromossomos, a julgar pelas narrativas dos meus pais (que contam como, ainda de fraldas, eu parava de chorar quando escutava aquele repertório), um momento-chave, no percurso de formação que mais tarde me levou a empreender a carreira de tenor, foi justamente o impacto que senti com o timbre extraordinário de Corelli.

Eu devia ter 5 ou 6 anos: minha babá Oriana foi quem me presenteou o primeiro disco do célebre cantor, que naquele caso interpretava a ária mais conhecida da ópera *Andrea Chénier*, de Umberto Giordano. Ainda recordo como corri emocionado até a velha vitrola, repondo o disco e deslocando para a borda o braço da agulha: e eis que a orquestra introduzia o recitativo do *Improvviso* ("*Un dì, all'azzurro spazio...*"), e finalmente uma voz preenchia as pausas da orquestra. Uma voz ampla e extremamente vibrante, cheia de sentimentos, carregada de um indefinível sofrimento, que ia diretamente ao coração. Um canto descontraído, livre, espontâneo, doce em certos momentos, fremente em outros, mas sempre respeitável, dominador. Chénier, o poeta (protagonista da ópera verista de Giordano), enfrentava o tema do amor entendido em sentido amplo, mas Franco Corelli, naquele disco, parecia enfrentar o tema do amor pela sua arte: a arte do canto, aquela arte capaz de envolver e de comover. Eu era uma criança, mas aquela audição sem dúvida marcou o meu destino.

No âmbito musical, meu maior herói é ele, desde sempre. Quis a sorte que, quando adulto, eu conseguisse me tornar seu aluno... Corelli representa meu ideal de tenor, por ele alimento uma verdadeira veneração.

No entanto, na vertente mais íntima, são muitas as pessoas extraordinárias que tive a sorte de encontrar ao longo do meu caminho, depois dos meus pais. Um "herói" a quem acredito dever muito, do pouco que sei, não é — curiosamente — um musicista: chamava-se Amos Martellacci, e em sua homenagem dei o nome dele ao meu primogênito. Amos era um homem extraordinário que dominava seis línguas e se tornara diretor de um banco, embora só tivesse o curso elementar! Havia recebido do céu o dom de uma extraordinária capacidade de aprender e compreender, além do desejo incontível de transmitir algo de si aos outros. Em seu caminho, encontrou a mim. E se "autocondenou" a vir à minha casa, de manhã e à tarde, durante muitos anos, acompanhando-me nos estudos universitários, até quando minha carreira artística teve início. Foi ele quem me proporcionou, entre outras coisas, os primeiros rudimentos da língua inglesa.

As línguas estrangeiras

Falar e compreender pelo menos uma língua estrangeira (sobretudo o inglês), para um artista que deseje implementar uma carreira internacional, é uma necessidade. Conhecer a língua francesa, para um cantor lírico, é instrumento precioso para ampliar o próprio repertório. O mesmo se diga quanto à língua alemã: irrenunciável, se a voz for adequada ao repertório wagneriano, e no mínimo útil, se se pretende enfrentar o repertório dos *lieder*.

Luciano Pavarotti sabia conversar em inglês com certa fluência, embora o uso aproximativo de algumas nuances fonéticas traísse a proveniência italiana. Como ele mesmo admitia, as línguas estrangeiras não eram o seu forte. Um dado que, dentro de uma prodigiosa carreira artística, deve ter pesado desfavoravelmente.

Eu, por sorte, nunca tive grandes problemas, pelo menos na pronúncia das línguas estrangeiras. No âmbito pop, existem canções belíssimas que provêm de muitas nações diferentes, e é também por isso que frequentemente canto em várias línguas (como por exemplo no álbum *Passione*): acho interessante aprofundar novas formas de comunicação expressiva através do canto, graças às diferentes tipologias de musicalidade vinculadas às diversas línguas. Estou sempre interessado em investigar cada nuance, cada possível esfumatura, cada variável rítmica e linguística, a fim de estabelecer, através do canto, um contato sincero com o público.

Inevitavelmente, utilizo com frequência o inglês, embora não o tenha aprendido quando criança... Em contraposição, na infância introjetei aquela pronúncia dialetal, aquele sotaque toscano que, quando noto nos outros, até me incomoda, mas do qual eu mesmo, infelizmente, não consigo me livrar.

Chef de chant

O repertório lírico em francês oferece páginas de beleza vertiginosa, e infelizmente Pavarotti, afora *La Fille du régiment*, não sentiu a necessária segurança diante do idioma para enfrentar óperas completas adequadas à sua voz, tais como *Werther* ou *Faust*.

De igual modo, com a seriedade que sempre caracterizou sua postura profissional, quando teve de se aproximar de páginas em língua francesa ele se entregou aos cuidados da mítica Janine Reiss, uma senhora que — inicialmente cravista — havia se aperfeiçoado em ensinar aos cantores em particular o repertório lírico composto em sua língua. Com ela tiveram aulas Maria Callas, Teresa Berganza, Plácido Domingo. Eu também fui aperfeiçoar meu francês às margens do Sena e me tornei seu aluno, submetendo-me ao trabalho meticuloso dessa mulher extraordinária e infatigável.

Meu francês do início da carreira era aquele aprendido nos cinco anos de liceu. Isso não me impediu de gravar, com certa inconsciência, três músicas nesse idioma, em *Aria: The Opera Album*. As três últimas faixas eram respectivamente dedicadas a: *Pourquoi me réveiller*, do *Werther* de Massenet, *La fleur que tu m'avais jetée*, da *Carmen* de Bizet, e *Pour mon âme*, de *La Fille du régiment* de Donizetti.

Quando, alguns anos depois, surgiu a possibilidade de gravar primeiro *Werther* e depois *Carmen*, então me decidi e — inicialmente, mais por escrúpulo de consciência — fui procurar em Paris a célebre *coach*, já então octogenária. Graças às suas aulas, percebi que meu francês talvez fosse mais próximo do árabe do que da língua original!

Para cantar ópera em francês, existem regras importantes, que até os falantes nativos devem conhecer e aprender a aplicar... Por exemplo, as vogais mudas, que, se corresponderem a uma nota, devem ser cantadas, ou então a pronúncia particular da consoante ene, ou ainda o erre que, no canto francês, deve ser pronunciado à italiana.

Lembro-me de sessões extenuantes, mas no final o resultado era tangível, porque meu francês estava diferente... E o aprofundamento na língua aumentava em mim o embaraço, quando depois eu escutava minhas antigas gravações!

"Minha voz gosta de Donizetti"

Minha estreia no Metropolitan de Nova York remonta a 2011. Um concerto de *lieder* com mais de vinte números, encerrado com três extras (árias de *La Fille du régiment* de Donizetti e de *Il Trovatore* de Verdi, além de uma romança de Tosti), em duo com o pianista Vincent Scalera.

O recital, que muitos meses antes já estava esgotado, por sorte foi acolhido com grande efusão, embora o roteiro fosse exigente não só para mim, mas também para a plateia: uma seleção de árias barrocas e *lieder* românticos, de Händel a Wagner, de Beethoven a Strauss, de Liszt a Fauré, que eu havia elaborado junto com Eugene Kohn, antigo colaborador de cantores do calibre de Maria Callas e Franco Corelli.

Entre o público, um *parterre de roi*s de amigos e colegas, de Plácido Domingo a Renée Fleming e Angela Gheorghiu. A atmosfera estava festiva, o público, generosíssimo, os meus colegas, adoráveis, e no entanto eu percebia uma pontinha de melancolia... A força da ausência de Pavarotti, no teatro onde ele havia cantado quase quatrocentas vezes, fazia-se sentir de maneira dolorosamente forte.

No Met, o Mestre havia estreado no longínquo 1968 com um dos seus papéis prediletos, o de Rodolfo em *La Bohème* de Puccini. Ele mesmo contava que o encontro não foi dos mais felizes, por causa de um resfriado que o tinha enfraquecido... Mas se recuperou no ano seguinte com uma interpretação de *Lucia di Lammermoor* que teve um sucesso triunfal. Aliás, quando os jornalistas ou os colegas perguntavam ao Mestre suas predileções operísticas, ele respondia invariavelmente: "Minha voz gosta de Donizetti"!

XI
A última saudação

O mérito de ter emocionado o mundo

Quando cheguei à catedral, o acesso do público havia sido momentaneamente bloqueado, a fim de preparar a igreja para o rito fúnebre. Só estava ali Nicoletta, ao lado do féretro ainda aberto. Nós nos abraçamos. Havia também alguns funcionários que estavam prestes a fechar o caixão. Eu e Carlo Bernini, meu pianista e amigo, pedimos que postergassem por um minuto a praxe amarga que esconderia o rosto do Mestre atrás da tampa de zinco.

Assim, com o assentimento de Nicoletta, pude me despedir dele, tocar seu rosto, agradecer-lhe pelo que havia feito por mim e por todos, um instante antes que o ataúde fosse fechado para sempre. Fui o último, exatamente o último, a segurar sua mão, a saudá-lo mais uma vez. Depois, os encarregados se aproximaram e fizeram seu trabalho.

LUCIANO PAVAROTTI: UM MESTRE PARA TODOS

O *Ave Verum Corpus*, cujo texto fala do corpo de Cristo como presença viva no sacramento da eucaristia, é um poema sacro, simples e solene; foi essa prece, elevada ao nível de obra-prima artística pelo genial Mozart, já perto do final da vida (ele compôs este hino para um amigo, poucos meses antes de morrer), que eu cantei no funeral do Mestre.

As exéquias de Luciano Pavarotti aconteceram em Módena, num dia límpido do início de setembro, inundado de sol e de gente. Dizem que, nos dois dias em que seu caixão branco ficou exposto, justamente na catedral, cerca de cem mil pessoas passaram para se despedir, para dizer a ele que ainda o escutariam, sempre que sua voz voltasse a cantar num dos seus muitos discos.

Ele mesmo tinha dado as diretivas para seu funeral. Havia indicado até como deveria ser vestido: como para um concerto, gravata-borboleta branca e um foulard branco-leite na mão. E quem sabe se não pediu também uma simpatia, a de levar no bolso um prego torto, como geralmente fazia, quando entrava em cena...

Tinha pensado no funeral como seu último espetáculo, na acepção mais doce e generosa que se possa imaginar: a última confraternização com o público, o último tributo à música, que, quando é grande música, é sempre sacra. E foi realmente um espetáculo: transmitido ao vivo por várias emissoras, exibido fora da igreja em dois telões, acompanhado pela imprensa internacional, coroado por um infinito aplauso ao féretro, quando este saiu da catedral, enquanto a patrulha acrobática das Frecce Tricolori sobrevoava a praça e inundava o céu de branco, vermelho e verde, e o barulho dos aeroplanos se misturava com seu célebre *Nessun dorma* de *Turandot*, que termina com aquele SI natural heroico, arrebatador, intrépido, emocionante.

Nessun dorma era a assinatura de Luciano. No entanto, o personagem do príncipe Calaf, "no papel", é realmente distante do "rei do *bel canto*", da vocalidade pavarottiana, ao menos sob a óptica de especialização em voga nas últimas décadas, que impôs barreiras de repertório. Barreiras ante as quais, porém, os lendários tenores do século XX histórico jamais mostraram qualquer sujeição.

O fato é que aquela ária, com seu vigoroso "Vincerò" repetido três vezes, não é só o hino de vitória de todos os tenores, mas ao mesmo tempo resume a personalidade radiosa e a própria vida do tenor modenense.

Conservo no coração a lembrança da última vez em que o Mestre cantou *Nessun dorma*, coroando as celebrações de abertura dos Jogos Olímpicos de Inverno em Turim, em 2006. Foi também a última vez em que ele cantou em público, foi seu modo de saudar o palco e a vida inteira, uma existência que foi dedicada à ribalta.

Também nos meus concertos, também entre as plateias do mundo, essa é uma ária muito amada. Tanto que com frequência eu a interpreto para encerrar em beleza um concerto, e igualmente com frequência sou forçado a bisá-la. Além disso, é a ária absolutamente no topo das preferências dos meus dois filhos homens, Amos e Matteo: quando eram crianças, me obrigavam a cantá-la para eles, sem se preocupar, claro, com as asperezas técnicas e com a fadiga que me custava interpretá-la.

Indubitavelmente, o particular brilhantismo de *Nessum dorma* deriva não só da frequência com que é tocado o registro agudo, mas também da intensidade expressiva que ela requer... Características que correspondem a um estado de espírito destacado por uma paixão ardente e uma força de vontade inesgotável.

O texto da ária termina com os versos: "*Dilegua, o notte! Tramontate, o stelle! All'alba vincerò*".* Um final capaz de inflamar até o ânimo mais empedernido! Um final que acompanhou o féretro de Big Luciano, entre os aplausos, na praça lotada, depois que o rito havia incluído as palavras comovidas do nosso primeiro-ministro de então, mas também as mensagens do papa e do presidente da República... E a voz de sua amiga Raina Kabaiwanska, que cantava a *Ave Maria* do *Otello* de Verdi, e de Mirella Freni, que, com a garganta travada pelas lágrimas, não conseguia nem falar.

O bispo de Módena, saudando Luciano, escolheu citar a primeira epístola de são Paulo aos coríntios: "Ainda que eu falasse as línguas dos homens e dos anjos, mas não tivesse caridade, seria como um bronze que ressoa e um címbalo que retine."

---

* "Devanece-te, ó noite! Ao amanhecer, vencerei." (N.T.)

A ÚLTIMA SAUDAÇÃO

Uma presença forte e viva

A morte de Pavarotti, embora previsível, me perturbou muito. Quando um ponto de referência tão forte vem a faltar, a gente se sente mais frágil. Recordo os funerais como em um sonho: volta a intensidade do perfume das rosas e dos lírios que ornavam o caixão. Um caixão claro, exatamente como eu o tinha imaginado, feito de uma árvore nobre como é o bordo, cuja madeira também dá voz a instrumentos musicais.

Entoando o *Ave Verum* mozartiano, eu estava concentrado na prece. Uma vez terminada a execução, e embora o sofrimento fosse palpável, nas lágrimas de Nicoletta, na dor inconsolável das filhas de Luciano e de sua primeira mulher, Adua, percebi com clareza um sentimento que eu até definiria como de serenidade... Sabia que o grande Mestre ficaria contente com esta cerimônia, sabia que de algum lugar, no Céu, ele estava nos observando, e diante de tanto afeto imaginei-o — pura vibração espiritual, como sua voz — dizendo de si para si, com aquele sotaque que traía suas origens: "Então, algo de bom eu fiz, e Deus, ao me acolher, talvez se lembre disso."

Como acontece na intimidade de qualquer família, quando, quer sejam casamentos ou funerais, para além do evento lutuoso ou festivo, semelhantes ocasiões se transformam no encontro cordial entre parentes e amigos, também no funeral de Luciano tive a alegria de estreitar, em um abraço comovido pela lembrança de Pavarotti, muitos amigos, de Zucchero Fornaciari a Carla Fracci, de Lorenzo Jovanotti a Bono, de Gianni Morandi a Franco Zeffirelli.

Quando saí da igreja, dentro de mim uma voz repetia: "Ele emocionou o mundo, presenteou serenidade, viveu plenamente a vida, agora repousa em paz. Por ele, nada de lágrimas: só gratidão e afetuosa memória."

Tem razão Alice, pensei, tem razão a filhinha de Nicoletta e Luciano... Não a levaram ao funeral de seu pai (seria uma emoção perigosamente muito intensa), mas leram, do altar, uma mensagem sua: "Papai, você me amou muito e sei que sempre me protegerá. Eu o levarei, vivo, no meu coração infantil, a cada dia."

A mesma doce Alice que encontrei na igreja, anos depois, junto com sua mãe, queridíssimas convidadas de um evento privado e litúrgico que era muito importante para mim: elas não quiseram faltar, em 2012, em Forte dei Marmi, quando minha caçula Virginia foi batizada.

Na graça de Alice, em seu sorriso, na voz de uma menina especial que se aproxima da adolescência, reencontrei a voz e o sorriso de Luciano, percebi o caminho impresso pelo pai, senti uma presença forte e viva, que é muito mais do que uma recordação.

O primeiro dia sem Luciano

"Agradeço ao Mestre por sua imagem jovial e pelo pronto sorriso que está sempre presente na minha mente e no meu coração. Neste momento, sua inconfundível voz cristalina encoraja todos nós, colocados como estamos diante do

A ÚLTIMA SAUDAÇÃO

mistério da separação. O aperto no meu coração só se dissolve ante o pensamento de que sua arte permanecerá sempre conosco, ainda nos acompanhará em nossas viagens de automóvel, em casa, em nossa vida de sempre."

Desejo concluir esta breve recordação de Luciano Pavarotti com um depoimento meu reportado pela mídia, e que remonta à época de seu desaparecimento. Minha intenção é restituir, na exatidão de sua intensidade, o turbilhão de emoções que me invadiu naqueles dias. Era 7 de setembro de 2007:

> Neste momento eu gostaria de me voltar diretamente para o querido Mestre a fim de lhe agradecer por todo o empenho que empregou pela ópera e pela nossa nação, sempre tão altamente representada por ele. Obrigado por ter me indicado o caminho, por ter me iniciado no canto lírico e ter me dado sua estima, que eu sempre retribuí. Obrigado, Mestre, pelos preciosos e imparciais conselhos e estímulos no sentido de que eu sempre desse o melhor de mim. Obrigado por ter feito da ópera uma arte ao alcance de muitos, os muitos que, embora não fanáticos, o senhor tomou pela mão e conduziu com amor ao maravilhoso mundo da ópera lírica e das grandes canções, elevadas ao nível de clássicos internacionais atemporais. O senhor não estará apenas em nosso coração para sempre, estará em nossas jornadas, nos acompanhará ainda paternalmente em nosso trabalho e em nossa existência, será, como sempre, fonte de inspiração e de apoio na busca pelo

profissionalismo. Minha lembrança é aquela que todos têm no coração. Pavarotti é um daqueles poucos personagens que, ainda em vida, conseguem passar à lenda. Sobretudo, é um homem que deu ao seu país muito mais do que aquilo que seu país deu a ele. Ficou-me o pesar de não ter podido saudá-lo como eu gostaria. Tenho em mente, porém, muitos pequenos momentos que vivi com ele e sobretudo todas as suas sugestões: o Mestre foi uma referência para todos os que amam a música e o canto e as vozes em particular. Transmitiu ao mundo inteiro a paixão pela grande música e chamou a atenção das pessoas para o mundo da ópera. Obrigado — enfim — por existir, agora mais do que nunca, como garantia e certeza daquele mundo de esperança e fé que sua generosa voz contribuirá para tornar ainda mais belo, por abrir mais uma vez os seus grandes braços, por cantarmos juntos e por nos dar novamente aquele sorriso luminoso e simples.

As previsões de Luciano Pavarotti a meu respeito, embora jamais suficientemente merecidas, se confirmaram, uma a uma. Até hoje, porém, sempre que alguém me compara a ele, sempre que se supõe uma passagem de bastão, idealmente eu fico rubro de vergonha. Ninguém, e eu menos ainda, pode igualar o rei dos tenores.

Apêndice

A herança lírica

Felizmente, existem seus discos. Felizmente, Luciano Pavarotti, "rei do *bel canto*", deixou muitíssimas gravações, das quais grande parte é de extraordinário valor artístico. Sua carreira de várias décadas, sua irrefreável curiosidade, sua natureza carismática, solar, excêntrica, generosíssima, relançou no mundo todo a arte popular do melodrama. O sol de Pavarotti, com o dom de uma voz inimitável e de um portentoso talento interpretativo, iluminou os palcos por quase meio século, contribuindo de maneira determinante para divulgar as obras-primas da ópera lírica italiana.

"No início da minha carreira", dizia o Mestre, alguns anos atrás, "havia quem desse a ópera por morta e enterrada; hoje, no entanto, os teatros estão lotados e, entre os espectadores, há um aumento constante de jovens".

Em razão da formidável atitude de Pavarotti no sentido de ampliar as plateias, restituindo à ópera a intrínseca natureza de arte "alta" e popular, uma homenagem, modestíssima mas ditada pelo coração, coroa esta minha afetuosa e agradecida lembrança.

Em benefício de quem aplaudiu em Big Luciano o ícone pop dos anos 1990 e 2000, sem ter tido ainda a oportunidade de conhecer o Mestre como soberbo (e, repito, em muitos casos, insuperável) intérprete lírico, proponho uma pessoal e naturalmente discutível orientação de escuta, para uma aproximação à lírica através do néctar de sua voz... Lírica que é, vale lembrar, o âmbito pelo qual o Mestre, no fim dos seus dias, expressou o desejo de ser recordado pelos pósteros.

Eu poderia me limitar a citar alguns dos muitíssimos papéis dos quais o tenor modenense restituiu uma versão magistral... Prefiro, contudo, não dar nada por certo (aliás, esta era também uma característica em sua filosofia de vida) e oferecer ao leitor uma pequena ficha sobre aqueles títulos que poderiam representar uma primeiríssima abordagem à discografia operística de Pavarotti. Títulos dos quais esse leitor talvez só tenha ouvido, até hoje, a ária mais célebre, interpretada no decorrer dos grandes eventos concertísticos ao ar livre.

Com isso, espero despertar a curiosidade de alguns neófitos, e ao mesmo tempo arrancar um sorriso benévolo àquele gigante da arte (e da arte de viver), que nos olha a todos, com seu inseparável lencinho nas mãos, lá da ribalta do céu.

APÊNDICE

* * *

Em relação às fichas que aparecem nas páginas seguintes, deve-se levar em conta a seguinte legenda:

A: alto / contralto
B: baixo
Bar: barítono
Ms: meio-soprano
S: soprano
T: tenor

L'ELISIR D'AMORE

Melodrama burlesco em dois atos, de Gaetano Donizetti. Libreto de Felice Romani (baseado em *Le philtre*, de Eugène Scribe). Primeira apresentação: 12 de maio de 1832, Milão, Teatro della Canobbiana.

O enredo se desenvolve num vilarejo do País Basco entre os séculos XVIII e XIX. Camponeses e camponesas descansam à sombra de uma árvore, enquanto Adina (S) lê a história de Tristão e Isolda e da poção fatal. O tímido Nemorino (T), apaixonado pela jovem, admira-a de longe. Chega um pelotão de soldados guiados por Belcore (Bar), sargento fanfarrão que corteja Adina. A jovem, não insensível às atenções do militar, repele Nemorino. Nesse meio-tempo chega Dulcamara (B), um charlatão que enaltece seus produtos. Nemorino lhe pede a poção mágica da rainha Isolda, e Dulcamara vende a ele seu prodigioso "elixir", uma garrafa de Bordeaux! O rapaz bebe a garrafa inteira e começa a dançar e a cantar, sem pensar mais em Adina. A moça, despeitada, se compromete a desposar Belcore. Enquanto isso, espalha-se a notícia de que um tio de Nemorino morreu, deixando-lhe uma importante herança. Todas as jovens (à exceção da ignara Adina) o cortejam e o rapaz atribui o mérito disso ao elixir. Por fim, Adina se enternece, deixa Belcore e se une a Nemorino.

Quadragésima ópera de Gaetano Donizetti (1797-1848), composta em 1832 sobre o libreto do lígure Felice Romani, é — ao lado de *Don Pasquale* — a obra-prima cômica do autor bergamasco, que na época tinha 35 anos. A ópera é concebida no tempo recorde de pouco mais de duas semanas, encomendada com grande pressa pelo empresário do Teatro della Canobbiana, em Milão, depois do *forfait* de outro compositor (que com isso havia deixado um buraco na programação). Estreia em 12 de maio, com enorme sucesso.

L'elisir d'amore nasce sob o signo da felicidade: interpretação cômica, campestre e descontraída das vicissitudes de Tristão e Isolda, é uma impressionante síntese do gênero burlesco oitocentista, no qual — como já se disse — a risada se transforma em um sorriso cheio de humanidade. No palco, desfilam máscaras da comédia aparentemente desgastadas: a mocinha maliciosa, o ingênuo apaixonado, o militar jactancioso, o simpático trapaceiro... No entanto, Donizetti consegue o milagre de torná-las expressivas, profundas, críveis.

APÊNDICE

Movidas por um fio condutor de elegância (musical e narrativa) entremeado à alegria, à malícia, ao gracejo bonachão, e também a ilhas de romântico lirismo, como a imortal *Una furtiva lacrima*.

No decorrer de sua incansável atividade, Donizetti deixa sua marca, indicando os caracteres da tragédia musical romântica e renovando o melodrama burlesco. Em suas óperas, são muitos os aspectos inovadores que aplanam o caminho para seu sucessor, Giuseppe Verdi: da invenção do barítono romântico, adversário do tenor, à tendência a concentrar o drama em atos de crescente brevidade. No âmbito cômico, Donizetti tinge os personagens com uma nova humanidade. Uma atitude que o aproxima, pelo sorriso melancólico com o qual movimenta os enredos, do maior escritor italiano do século XIX, Alessandro Manzoni.

LUCIA DI LAMMERMOOR

Drama trágico em duas partes (e três atos) de Gaetano Donizetti. Libreto de Salvatore Cammarano (baseado no romance *The bride of Lammermoor*, de Walter Scott). Primeira apresentação: 26 de setembro de 1835, Nápoles, Teatro San Carlo.

A história se desenvolve na Escócia, no final do século XVI.

Parte I (A partida) — Lorde Enrico Ashton (Bar) persegue seu inimigo jurado Edgardo de Ravenswood (T), cujos antepassados, outrora, foram privados de suas posses pelos Ashton. Por motivos políticos e estratégicos, a irmã de Enrico, Lucia, deve desposar Lorde Arturo Bucklaw (T). Quando Ashton vem a saber do amor secreto de Lucia por Edgardo, jura vingança.

No quadro seguinte, Lucia conta à sua dama de companhia, Alisa (Ms), a história de um Ravenswood que tempos atrás assassinou a própria amada, cujo fantasma, desde então, aparece junto à fonte do parque. Alisa interpreta essa história como um mau presságio e alerta Lucia para o risco de um destino análogo. Ainda assim, Lucia se encontra com Edgardo. Os dois se despedem, jurando eterno amor, antes da partida de Edgardo para uma missão política.

Parte II (O contrato nupcial) — Com uma carta forjada, Enrico induziu Lucia a acreditar que Edgardo lhe é infiel. Lucia, desesperada, aceita o casamento com Arturo. No quadro seguinte, a cerimônia nupcial é perturbada pela inesperada irrupção de Edgardo, o qual, ao ver o contrato nupcial assinado por Lucia, maldiz a amada e lhe restitui o anel.

A festa de casamento é bruscamente interrompida pela notícia de que Lucia matou seu esposo. A homicida, já louca, aparece diante dos convidados com as roupas manchadas de sangue e um punhal nas mãos. Em seu delírio, imagina as próprias núpcias com Edgardo, sonha com o perdão dele e faz votos de morrer logo.

Ao amanhecer, tendo se dirigido ao cemitério dos Ravenswood para travar um duelo com Enrico, Edgardo imagina deixar-se matar. De repente é perturbado pela chegada de uma procissão proveniente do castelo dos Lammermoor: todos choram a sorte de Lucia. O toque de finados anuncia a morte da jovem. Edgardo, que não pode viver sem ela, se mata com um punhal.

Obra-prima donizettiana no âmbito da ópera séria, verdadeiro marco, protótipo do melodrama romântico pré-verdiano, o drama trágico *Lucia di Lammermoor* foi escrito em pouco mais de um mês e meio, em 1835, para o Teatro San Carlo de Nápoles (o autor iniciou a composição no final de maio de 1835 e a concluiu em 6 de julho).

A partitura é o triunfo do *bel canto* e máxima realização romântica, em música, do romance histórico contemporâneo. De fato, o libreto de Salvatore Cammarano segue fielmente o enredo delineado por Walter Scott no gótico *The bride of Lammermoor* (1819), história de famílias rivais e de trágicas predestinações numa Escócia sombria e literária, desenvolvida num clima à Ossian através de um enredo que diríamos parente do *Romeu e Julieta* shakespeariano. Scott, ao narrar as lutas entre os seguidores de Guilherme III de Orange e os de Jaime II, havia situado seu romance na Escócia de 1689, ao passo que o libretista Salvatore Cammarano retrodatou a história em cerca de um século.

Antes do bergamasco, nada menos do que quatro compositores tinham se inspirado nas vicissitudes do romance *The bride of Lammermoor*.

Donizetti, com 38 anos na época, já havia composto, em dezessete anos de atividade, 43 óperas. E, no gênero sério, outros seus experimentos líricos (tais como *Anna Bolena* em 1830 e *Lucrezia Borgia* em 1833) tinham sido muito aplaudidos. Mas *Lucia* representou o maior sucesso obtido pelo compositor em sua carreira.

Eixo, elemento de ligação entre dois mundos, com os códigos que anunciam o jovem Verdi e ao mesmo tempo estruturas evidentemente vinculadas ao início do século XIX,

Lucia di Lammermoor já inclui toda a dramaticidade que mais tarde o colega originário de Busseto desenvolverá. A ópera foi concebida sob medida para a companhia de canto de que o compositor dispunha: Fanny Tacchinardi-Persiani (Lucia), renomada por sua técnica vocal, e Gilbert-Louis Duprez, protótipo do tenor romântico (Edgardo). Com a celebérrima cena da loucura, seguida pela do túmulo e a do suicídio de Edgardo, a ópera em questão se torna a pedra de toque da sensibilidade romântica. A elegância inatacável das melodias, seu fervor impetuoso e sua áurea simplicidade, o estilo conciso com que se desenrola o drama, a qualidade melancólica da instrumentação (com preferência para o som das trompas), a variedade dos recitativos, tudo isso faz de *Lucia di Lammermoor* um dos títulos até hoje mais frequentados e amados.

A personagem de Lucia é a primeira encarnação romântica — no teatro musical —, apaixonada a ponto de defender seu amor contra as mais torpes violências do destino adverso. Intacta em sua frágil pureza, vive e morre na dedicação absoluta ao amor e só encontra sua serenidade interior quando aspira à morte. A cena da loucura e o dueto da voz (com seus traços virtuosísticos), junto ao som etéreo da flauta e da harpa, são magistrais.

O segredo do sucesso de Lucia talvez esteja na densidade dos mitos românticos enxertados, dentro de uma tragicidade que conduz à loucura e ao suicídio. E que conta como o amor não teme os obstáculos e se destina a triunfar até depois da morte. A música purifica, transfigura a existência e redime.

LA SONNAMBULA

Melodrama em dois atos de Vincenzo Bellini. Libreto de Felice Romani (extraído do balé-pantomina *La somnambule, ou L'arrivée d'um nouveau seigneur*, de E. Scribe e J. Aumer, e da comédia-vaudeville *La somnambule*, de Scribe e G. Delavigne). Primeira apresentação: 6 de março de 1831, Milão, Teatro Carcano.

Amina (S), jovem camponesa órfã e pobre, mas carinhosamente adotada pela moleira Teresa (Ms), está para desposar seu apaixonado, o rico proprietário Elvino (T). Em meio a muita alegria, a única a se entristecer é Lisa (S), a estalajadeira do vilarejo, pois ama Elvino e sabe que aquele casamento acabará com todas as suas esperanças. O vilarejo em festa é tumultuado pela chegada — ou melhor, pelo retorno — de Rodolfo (B); inicialmente ele não revela sua identidade, mas saberemos que é o senhor do castelo, o qual está de volta aos lugares de sua infância (e temporariamente se hospeda na estalagem de Lisa). O conde Rodolfo parece demonstrar um interesse malicioso pela noivinha, e Elvino acha que esse interesse é até correspondido. Explode então o ciúme do futuro marido. A suspeita parece tornar-se certeza quando a noiva é encontrada, de camisola, no leito do quarto de Rodolfo na estalagem: este último estava cortejando Lisa quando aparecera Amina, adormecida, chamando longamente seu futuro marido... Cansada, se deitara, enquanto Lisa se escondia. Os camponeses, irrompendo na hospedaria para confraternizar com o conde (pois já o identificaram), descobrem a embaraçosa presença. Quando acorda, Amina se declara inocente com todas as forças. A jovem "pura como um lírio" entrou inconscientemente no quarto de Rodolfo e se dirigiu a ele sonhando um diálogo amoroso com o noivo. Mas é uma explicação muito fraca para absolvê-la aos olhos de Elvino, o qual a repudia, mesmo ainda estando apaixonado por ela.

No segundo ato, Elvino está prestes a desposar, por desforra, a estalajadeira Lisa, sua ex-namorada, assanhada e de fáceis costumes. Era esta última que havia esquecido seu próprio lencinho no quarto de Rodolfo, antes da visita de Amina em estado de sonambulismo.

A moleira Teresa, diante do atrevimento de Lisa, mostra a Elvino o lenço, prova da culpa de Lisa por aquele pecado atribuído a Amina. O conde Rodolfo reitera que Amina é inocente, e, para confirmar tais afirmações, eis que aparece a própria Amina, de novo em estado de sonambulismo. Em meio à consternação e ao estupor geral, ela caminha perigosamente sobre uma trave apodrecida, junto à roda do moinho. Fala durante o sono, exprime sua dor dilacerante e depois imagina ter reconquistado o amor de Elvino. Arrependido, este último a abraça, acordando-a. O vilarejo retorna à alegria inicial e à festa pelas ansiadas núpcias.

Paradigma do gênero idílico-pastoral, que celebra o mito de uma humanidade inocente, de sentimentos puros e incorruptos, e igualmente "híbrido" (ao mesmo tempo fábula e ópera semisséria, embora com final feliz), *La sonnambula* é apoteose da linha melódica, do canto puro que nasce do tom íntimo das palavras. É a primeira das três obras-primas de Bellini. O musicista de Catânia compôs este título nos primeiros meses de 1831, o mesmo ano que viu nascer *Norma* — sempre com texto do genovês Felice Romani —, ao passo que é de 1835 o trabalho que fecha a tríade, *I puritani*.

A ópera, muito bem-sucedida, consagra a estatura artística do compositor, fazendo dele o predileto do seu tempo, mimado pelos teatros europeus. *La sonnambula* é uma partitura emblemática da personalidade belliniana, exemplo daquela disposição estética que Ildebrando Pizzetti define como "lirismo puro".

De fato, é a apoteose de uma veia lírica extraordinária, que se articula num arco melódico amplo e florido. Embora ainda não se identifique nela aquele aprofundamento na direção da investigação psicológica dos personagens, emerge ainda assim um novo vínculo de afinidade entre música e texto. O significado das palavras é respeitado, assim como as inflexões. Semelhante consideração do texto, e a interpretação dos sentimentos que este traz consigo, fez a produção belliniana ganhar o epíteto de "música filosófica".

La sonnambula nasce da necessidade de cumprir num prazo curtíssimo um compromisso assumido com o Teatro Carcano de Milão: um novo título, até fevereiro de 1831. No decorrer do verão precedente, Bellini e Felice Romani se orientam de início para um tema decididamente longínquo: precisamente o manifesto do romantismo literário francês, um *Ernani* baseado no trabalho de Victor Hugo. A temerária guinada em direção aos "noivos suíços" talvez tenha sido motivada pela delicadeza política da escolha do primeiro tema. A atenção se voltou para o balé-pantomima de Scribe e Aumer *La somnambule, ou L'arrivée d'un nouveau seigneur*, encenado três anos antes na Ópera de Paris. Um tema, esse do sonambulismo — estado de graça, embora inquietante, com leves nuances eróticas —, já explorado pela literatura romântica, pois inerente a sequiosas fascinações de âmbito irracional e onírico.

Em 2 de janeiro de 1831, Bellini inicia a introdução e, 35 dias depois, escreve: "Terminei o primeiro ato, e talvez depois de amanhã comece o segundo, se o poeta me der a letra." Semelhantes ritmos eram quase a praxe no início do século XIX, mas não para o compositor cataniense, o qual escreveu pouco e lentamente, nos 34 anos de sua vida... Uma opção de trabalho moderna, de cunho romântico, declarada pelo próprio compositor numa carta datada de 1838: "Eu me propus a escrever poucas partituras, não mais do que uma por ano. Nisso emprego todas as forças do engenho, persuadido de que o sucesso delas depende da escolha de um tema interessante, de tons quentes de expressão, do contraste das paixões."

A primeira apresentação milanesa de *La somnambula* despertou um verdadeiro delírio de entusiasmo. O colega russo Mikhail Glinka estava entre os presentes, para testemunhar o sucesso clamoroso do evento, baseado em duas vozes extraordinárias, para as quais os papéis haviam sido elaborados sob medida: Giuditta Pasta e Giovanni Battista Rubini, os intérpretes mais importantes da primeira metade do século.

Embora a ópera fosse definida como "melodrama", a imprensa logo falou de "idílio pastoral", sublinhando-lhe a dimensão fabulística: um elemento efetivamente significativo, base de uma ação que em Romani-Bellini desvia do conde Rodolfo a atenção e a lança sobre o amor entre os dois jovens, e que propõe uma correspondência de amorosos sentidos entre personagens e natureza.

La somnambula teve um período de sombra justamente nas primeiras décadas do século XX, na medida em que considerada excessivamente arcádica no conteúdo e leve na instrumentação (um equívoco: a suposta pobreza da orquestra é com toda a evidência uma opção, para dar o máximo destaque às vozes). De volta aos palcos de todo o mundo, ela reapresenta com fascínio intacto sua história cotidiana de amores e ingenuidade.

LA FILLE DU RÉGIMENT

Opéra-comique em três atos de Gaetano Donizetti. Libreto de Jean-François-Alfred Bayard e Jules-Henri Vernoy de Saint-Georges. Primeira apresentação: 11 de fevereiro de 1840, Paris, Opéra-Comique.

É no Tirol que se desenrola a história de Marie (S), do sargento Sulpice (B), do enamorado Tonio (T) e de todo o XXIº regimento, "pai colegial" da moça. Marie, criada pelos soldados saboianos, confessa ao paternal Sulpice que está curiosa por um jovem (Tonio) que tempos antes lhe salvara a vida. Tonio entra em cena, capturado pelos soldados e considerado espião. Marie conta a corajosa iniciativa do jovem, que é libertado. Tendo permanecido sozinhos, os dois se declaram amor recíproco.

Contra a união deles, dois obstáculos: Sulpice quer para Marie um marido militar (e por isso Tonio se alista), e a marquesa de Berkenfeld (Ms) reconhece nela sua herdeira e decide levá-la consigo para Paris. De fato, reencontraremos Marie aparentemente irreconhecível, obrigada a se comportar como fidalga. A marquesa já lhe destinou um marido. Quando a festa nupcial é iniciada, irrompem os soldados guiados por Tonio. Agora promovido a oficial, ele declara não poder viver sem Marie. Diante do amor, a marquesa cede

É a mais célebre ópera francesa escrita por um "não francês", uma fábula irônica e esfuziante, uma história de amor sorridente, que não renuncia ao suspiro romântico mas que simultaneamente homenageia a herança "napolitana" da ópera bufa, encobrindo-se por outro lado com evidentes especificidades francesas. Donizetti, na aventurosa necessidade de agradar às exigências dos parisienses, com *La Fille du régiment* escreve (às pressas, como sempre) uma partitura que se configura como um híbrido revolucionário: "opéra-comique" mas também, provavelmente, a primeira opereta da história... Aquele teatro leve que mais tarde triunfará com Offenbach.

Opéra-comique é tanto um teatro (lugar físico onde, em 1840, foi batizada esta ópera com libreto de Vernoy e Bayard, e onde no final do século XIX era festejada a milésima récita!) quanto um tipo de ópera (não necessariamente cômica, apesar do nome) que prevê a alternância de páginas musicais com partes recitadas. Outro dado evidente, a presença frequente do coro: quase um personagem coletivo, ativo e "aguerrido"... Aqui, mais do que nunca, já que é a voz de um regimento inteiro.

Numa carta, o autor se refere a *La Fille du régiment* como a uma operazinha escrita sem particular empenho, e no entanto ela não demorou a conquistar (embora não de imediato) a exigente plateia parisiense. E Donizetti, trabalhador incansável e triunfador (na época, estava colaborando com não menos que três teatros parisienses), algumas vezes atraiu as invejas preocupadas de alguns colegas (Berlioz o atacou de modo até grosseiro), mas também a admiração de outros (Mendelssohn afirmou lamentar não ter sido ele mesmo o autor!).

Sob a marca da variedade, o enredo nos leva aos vales alpinos tiroleses e a suntuosos castelos, entre militares rudes e simpáticos e velhas aristocratas "concebidas de propósito" para serem escarnecidas. O enredo é de uma simplicidade desarmante. Final feliz assegurado, depois de uma série de deliciosas ocasiões de sátira sobre os costumes da aristocracia e da teorização de uma plena paridade entre os sexos: até Marie, educada no exército, se tornou uma verdadeira "machona", bem-disposta e indócil.

A ópera contém árias hilariantes (aquele *Rataplan* que se insinua, em ambos os atos, evocando o canto percussivo do batalhão...), mas também verdadeiros "saltos mortais" de dificuldade (os celebérrimos nove DÓS agudos da ária de Tonio), e ainda suspensões de deslumbrante e dulcíssimo *pathos* (*Il faut partir* de Marie).

A versão original em francês é nitidamente superior, por equilíbrio e beleza, àquela concebida mais tarde para a praça italiana. A primeira execução italiana foi preparada pelo próprio Donizetti, que fez a transformação da partitura de opéra-comique em ópera bufa (a versão rítmica italiana foi escrita por Calisto Bassi), com recitativos secos, isto é, com acompanhamento, em vez dos falados, e algumas modificações no enredo. Na versão italiana, foram eliminadas a entrada em cena da marquesa durante a introdução e a cabaleta da ária de Tonio no primeiro ato (*Pour mon âme*), cuja primeira seção se encontra deslocada para o início do final do ato. Donizetti atribuiu ao tenor uma nova ária, tomada de empréstimo ao *Gianni di Calais* (*Feste, pompe, omaggi, onori*). Também foi eliminada a segunda ária de Tonio, *Pour me rapprocher de Marie*, depois reintegrada pela tradição mais recente. Na Itália, *La Figlia del reggimento* não conquistou logo o público, como, ao contrário, aconteceu de maneira surpreendente ao original francês em Paris.

I PURITANI

Melodrama sério em três partes, de Vincenzo Bellini. Libreto de Carlo Pepoli (a partir do drama histórico *Têtes rondes et Cavaliers* de J.A.F. Polycarpe d'Ancelot e Boniface-Xavier Saintine). Primeira apresentação: 24 de janeiro de 1835, Paris, Théâtre Italien.

A história se desenvolve numa fortaleza de Plymouth e em suas vizinhanças durante o século XVII, à época das lutas entre os seguidores dos Stuart e os dos puritanos de Cromwell.

Parte I — No castelo do governador puritano Lorde Valton (B) estão sendo organizadas as núpcias de Elvira, sua filha. Na realidade, ela deveria desposar o coronel puritano Riccardo Forth (Bar), mas, graças à intervenção do benévolo tio Giorgio (B), coronel reformado, Elvira poderá se unir ao seu amado Arturo Talbo (T), cavaleiro e partidário dos inimigos Stuart.

Durante a festa, Arturo descobre uma prisioneira, que se revela ser a viúva do rei justiçado Carlo I, Enrichetta di Francia (S). O senso de dever prevalece sobre o amor e Arturo ajuda a rainha a fugir, abandonando a noiva Elvira. Esta última, de tanta dor, enlouquece.

Parte II — No castelo estão todos consternados pela triste sorte de Elvira. Giorgio, que compreende a situação, bem sabe que uma boa notícia poderia curar a loucura de Elvira, e recorre à compaixão de Riccardo. Este último renuncia então à mão de Elvira e, junto com Giorgio, decide combater e morrer lealmente pela causa puritana.

Parte III — No bosque vizinho à fortaleza, durante uma tempestade, esconde-se Arturo, acuado pelos puritanos (foi condenado à morte à revelia). Ao ouvir a voz de Elvira, vai até embaixo de suas janelas e a encontra: ela, por conta da alegria, recupera o juízo. Arturo, porém, é descoberto e preso. A mente de Elvira fica novamente comprometida, mas Arturo é agraciado no último momento, quando chega a notícia da vitória de Cromwell e do perdão concedido pelo novo ditador a todos os seguidores dos Stuart. Elvira volta a si e a cena de terror se transforma em júbilo: o casal pode finalmente festejar seu amor.

É a última ópera de Bellini, aquela à qual o musicista dedicou mais tempo e atenção. Já na primavera de 1833, o compositor havia deixado a Itália, primeiro por Londres (onde foram encenadas com sucesso *La sonnambula*, *Norma e Beatrice di Tenda*) e depois por Paris, coração romântico, na época, da arte ocidental. Aqui Bellini trava conhecimento com Heine, Chopin e muitos dos grandes contemporâneos. Entre eles, o colega Rossini (que foi muito generoso com Bellini) e que lhe repassou uma encomenda para o Théâtre Italien. Neste, foi encenada em 24 de janeiro de 1835 *I puritani e i cavalieri* (mais tarde, simplificou-se o título para *I puritani*), com enorme sucesso, na presença de toda a alta sociedade e do mundo artístico parisiense. A companhia de canto era composta por intérpretes extraordinários, de Giulia Grisi (Elvira) a Giovanni Battista Rubini (Arturo), de Antonio Tamburini (Riccardo) a Luigi Lablache (Giorgio): desde então, eles ficaram célebres sob o nome de "quarteto de *I puritani*".

Depois de Paris, a ópera foi montada no King's Theatre de Londres, em 21 de maio de 1835, e mais tarde nos teatros de toda a Europa.

O título evoca o drama histórico de Ancelot e Saintine do qual é derivado o libreto, mas também o romance *Old Mortality* de Walter Scott (traduzido para o italiano como *I puritani di Scozia*), bastante popular na época. Oito meses para definir a partitura, para refinar a instrumentação, sobre uma história que contém todos os ingredientes para comover o público de então (e de hoje)... Uma princesa sofredora, um amor contrariado mas com final feliz, uma série de golpes de cena e de situações tocantes, um véu de patriotismo. O conjunto, realizado honestamente — graças inclusive às sugestões do compositor — por Carlo Pepoli, poeta e nobre no exílio.

Bellini dita as regras do romantismo, numa partitura que acolhe a pureza da melodia e a paixão ardente enquanto faíscam as espadas. Além disso, amplia o arco do fraseado, através daquelas fulgurantes "cantilenas" que Verdi explicará definindo-as como "melodias longas, longas, longas, como ninguém fez antes".

Na vontade de conquistar o público parisiense (e de ganhar o título de sucessor de Rossini na direção do Théâtre Italien), Bellini força os limites da própria criatividade: no que concerne à instrumentação, busca uma função expressiva da orquestra, harmonias e efeitos tímbricos refinados. Cortejando a Grand-Opéra, faz emergirem, dentro do enredo, momentos coletivos de grande sugestão. Mas, talvez porque trabalhasse paralelamente numa edição da ópera destinada ao San Carlo de Nápoles, Bellini funde exigências francesas e italianas, e fortalece a partitura com um lirismo expansivo de uma beleza sem igual: do másculo *A te, o cara* à célebre cena da loucura, que foi modelo para a *Lucia di Lammermoor* donizettiana.

UN BALLO IN MASCHERA

Melodrama em três atos de Giuseppe Verdi. Libreto de Antonio Somma (a partir de *Gustave III ou Le bal masqué*, de Eugène Scribe. Primeira apresentação: 17 de fevereiro de 1859, Roma, Teatro Apollo.

Riccardo (T), governador de Massachusetts, contra o qual tramam Samuel (B) e Tom (B), chefes de um partido adversário, é apaixonado por Amelia (S), mulher de seu amigo mais próximo, o crioulo Renato (Bar), que o alerta contra o risco de uma conspiração. Os preparativos para um baile são interrompidos pela entrada de um juiz que pede o banimento da bruxa Ulrica (A). O pajem Oscar (S) defende a mulher, exaltando-lhe os dotes divinatórios, e Riccardo decide visitar, disfarçado, a maga. A cena se desloca para o antro de Ulrica, cheio de gente. A um marinheiro, Silvano (B), a maga prediz uma promoção e um prêmio por sua fidelidade. Riccardo, divertido, ajuda a sorte fazendo deslizar para o bolso do marinheiro um certificado de promoção. De repente chega Amelia, que pede para ser libertada de uma paixão amorosa. Ulrica lhe prescreve uma erva mágica, a ser colhida à meia-noite no campo onde são executados os condenados à morte. Quando Amelia se afasta, aproxima-se Riccardo, para perguntar sobre seu destino: a maga prediz que ele morrerá dentro em pouco, por obra do primeiro amigo que lhe apertar a mão. Riccardo revoga o banimento contra a bruxa, e depois, à noite, encontra Amelia no campo dos justiçados. Os dois se declaram amor recíproco, mas seu encontro é interrompido por Renato, que avisa Riccardo sobre a iminente chegada dos conjurados. Riccardo pede ao amigo que acompanhe a mulher (velada e irreconhecível) à cidade, sem lhe revelar a identidade dela, e foge. Chegam os conspiradores, que querem descobrir quem é a mulher. Renato se opõe a contar-lhes, e Amelia, na tentativa de ajudá-lo, perde o véu. Os conjurados ironizam e Renato, sentindo-se traído, decide se vingar e se junta a eles. Enquanto isso Riccardo, em seu palácio, decidiu transferir Renato e Amelia, a fim de esquecer a amada e não trair o amigo. Oscar lhe entrega um bilhete que o alerta contra o risco de um atentado durante o baile. Mas Riccardo não renuncia a comparecer, na esperança de rever Amelia pela última vez. E justamente durante a festa Renato o apunhala diante de todos. Antes de falecer, Riccardo isenta Amelia de culpa.

APÊNDICE

* * *

Vigésima ópera verdiana, obra-prima complexa e original, também intrigante graças à sua ambiguidade, *Un ballo in maschera* nasce — como frequentemente acontece às obras-primas — de um projeto bastante apressado. Estreia em Roma, com grande sucesso, em 17 de fevereiro de 1859, após penosas vicissitudes ligadas à censura: primeiro a napolitana (tão violenta que fez extinguir-se o projeto da estreia no San Carlo) e depois a romana. De fato, de Nápoles, onde inicialmente estava prevista a primeira apresentação do *Ballo*, a ópera foi transferida para Roma, onde foi levada à cena no Teatro Apollo. E, a fim de que o libreto de Antonio Somma satisfizesse as exigências da censura (ainda mais alarmada após o fracassado atentado contra Napoleão III), foi necessário modificar todos os nomes dos protagonistas e deslocar a ambientação no tempo e no espaço: de 1792 para o final do século XVII, da Europa para a América, de Estocolmo para Boston.

Mais do que conflito ideológico entre um monarca esclarecido e uma porção reacionária de súditos, este melodrama em três atos é um drama ligado sobretudo à condição humana (com seus sentimentos transtornantes), à casualidade, à força do destino. Um drama que se move numa dimensão em claro-escuro, na qual o elemento de ruptura — embora escondido entre personagens de aparente convencionalismo — está na mescla entre ironia e drama. Verdi, com genialidade e modernidade dramatúrgica, primeiro olha ao redor, inspirando-se sobretudo no repertório contemporâneo francês (apropriando-se do espírito, da leveza deste... Basta pensar num personagem como o pajem Oscar), e depois constrói — como a define Julian Budden — uma "Comédia com lados obscuros", uma tragédia até mesmo ambígua, na qual um homem traído e uma cigana adivinha desencadeiam a ação com a ajuda involuntária de um pajem, enquanto numa festa de máscaras um tema de morte se entrelaça a um minueto.

O libreto realizado pelo poeta Somma, sob a rigorosa supervisão de Verdi, parte do *Gustave III* de Eugène Scribe, texto que já havia sido levado à cena operística por Auber (*Gustave III ou Le bal masqué*, de 1833) e mais tarde por Mercadante (*Il reggente*, de 1853). Óperas, as duas, que Verdi pudera escutar.

De *Nabucco* a *Un ballo in maschera*, o compositor de Busseto viveu debruçado sobre o trabalho por não menos de "dezesseis anos de prisão" (é o próprio Verdi quem o declara, à condessa Maffei): esta "prisão", esta ampla porção de vida transcorrida num estado de produção forçada, se encerra justamente com o *Ballo*. Inclusive, um mês após a estreia romana, Verdi responderá a uma oferta do empresário do Teatro Apollo, Jacovacci: "Sinto muito, mas eu não escrevo mais."

Un ballo in maschera corresponde, portanto, ao fim de uma época criativa verdiana. Encerrada, como escreve Pestelli, por "uma de suas maiores óperas, mais sinópticas e ao mesmo tempo originais".

IL TROVATORE

Drama em quatro partes, de Giuseppe Verdi. Libreto de Salvatore Cammarano (extraído de *El trovador* de Antonio García-Gutiérrez). Primeira apresentação: 19 de janeiro de 1853, Roma, Teatro Apollo.

O enredo se desenrola na Espanha, no início do século XV.

Parte I (O duelo) — Ferrando (B), comandante dos soldados do conde de Luna (Bar), durante um turno de guarda, narra os antecedentes da história. O velho conde tinha dois filhos: um dia, uma cigana foi repelida quando se encontrava perto do berço do caçula. Mais tarde, uma febre muito forte atacou o bebê, e a cigana, acusada de bruxaria, foi queimada viva. A filha dela, Azucena (Ms), raptou então o garotinho, Garzia, e tempos depois o cadáver de um menino é encontrado entre chamas. O velho conde, porém, continuou a crer que o filho estava vivo, e no leito de morte encarregou o primogênito de prosseguir nas buscas. Na cena seguinte, Leonora (S), nos jardins do palácio, conta à confidente Ines (S) que ficou fascinada pelo trovador, no dia em que, ao término de um torneio de armas, ela mesma o coroou vencedor. Ines recomenda prudência, mas Leonora está segura do seu amor. Pelo jardim vagueia também o conde de Luna (o jovem), que reflete sobre sua paixão amorosa por Leonora, quando se faz ouvir a voz de Manrico, o trovador (T). Leonora, o conde e Manrico se encontram então frente a frente, e entre os dois homens há um violento confronto.

Parte II (A gitana) — Na encosta de um monte da Biscaia, ao lado de uma grande fogueira, circundada por uma multidão de ciganos, Azucena, com Manrico, relembra a pira da mãe, o juramento que fez de vingá-la, o assassinato do menino, não o pequeno Garzia, mas seu próprio filho. Manrico pergunta então se não é filho dela e Azucena o tranquiliza. Chega a notícia de que Castellor foi conquistada e de que Leonora, acreditando que Manrico morreu, decidiu entrar para o convento. Manrico parte para detê-la. Na cena seguinte, Manrico salva a jovem da tentativa de rapto por parte do conde.

Parte III (O filho da cigana) — No acampamento do conde, Azucena, prisioneira, é reconhecida como a bruxa que havia raptado o menino. Em Castellor, Manrico e Leonora se preparam para as núpcias quando chega a notícia de que Azucena vai ser queimada na pira. Manrico se precipita para salvá-la.

Parte IV (O suplício) — Manrico está na prisão. Do lado de fora, Leonora expressa o desejo de confortá-lo. Ergue-se o coro dos prisioneiros. O conde confirma a condenação de Azucena e de Manrico; Leonora, então, implora piedade e propõe uma troca: ela, pela vida de Manrico. O conde aceita, mas Leonora toma secretamente um veneno. Depois vai ver Manrico e lhe anuncia a liberdade; primeiro, o jovem a acusa de ter cedido ao conde, mas depois compreende a verdade atroz. O conde, diante da morte de Leonora, condena Manrico à morte. Diante da fogueira, com a sentença cumprida, Azucena lhe revela que Manrico, na realidade, era Garzia, irmão dele.

Na produção verdiana, *Il trovatore* é a ópera popular por excelência, amada pelos fãs verdianos que encaram com suspeita *Otello* e *Falstaff* e, na história de Azucena e Manrico, encontram o Verdi em estado puro. A ópera se inspira no drama *El trovador* de Antonio García-Gutiérrez, autor espanhol a quem Verdi retornaria, alguns anos depois, para *Simon Boccanegra*. A adaptação de Cammarano foi frequentemente criticada. Afirma-se que a trama do *Trovatore* é a mais absurda e incompreensível da história do melodrama. Certamente ela não é linear, mas, com um pouco de atenção, é possível entendê-la! Durante a composição do *Trovatore*, Cammarano morreu. Então, Verdi confiou a conclusão do trabalho (faltava escrever o quarto ato e completar o terceiro) a Leone Emanuele Bardare. Figura central: Azucena.

Como havia acontecido no caso de *Rigoletto* e como viria a acontecer para a Violetta de *La Traviata*, o musicista estava atraído pela possibilidade de trabalhar sobre um personagem agitado por sentimentos diversos, neste caso o amor filial e o amor materno. Observou-se que todo o papel de Azucena se configura como uma série de valsas, ora tristes, ora turbilhonantes, ora lentas etc. A valsa que não tem o sabor da mundanidade que encontramos em *La Traviata*, mas sim a energia vital de uma dança popular, às vezes quase vulgar, que remete ao uso feito dela inclusive por Mozart na cena do baile do seu *Don Giovanni*. Verdi se faz guiar pelo drama, pela iminência da tragédia, move-se livremente na estrutura dramatúrgica com novidades formais que a alguns pareceram ditadas pela vontade de impor a palavra "fim" ao *bel canto*. Na realidade, *Il trovatore* transborda de ímpetos líricos. Pense-se por exemplo em *Tacea la notte placida* ou em *Stride la vampa*. E, ainda, são satisfeitos os fãs dos agudos de tenor na celebérrima *Di quella pira*. Sobre Leonora e Manrico, Verdi constrói enfim a cena mais genial da ópera, o *Miserere*, na qual se cruzam e se sobrepõem com efeito estereofônico três diferentes elementos musicais, espelho de outras tantas atitudes psicológicas: o coro de vozes internas que entoa justamente o *Miserere*, o canto transtornado de Leonora, todo em soluços, o canto distendido de Manrico.

RIGOLETTO

Melodrama em três atos, de Giuseppe Verdi. Libreto de Francesco Maria Piave (extraído do drama *Le roi s'amuse*, de Victor Hugo). Primeira apresentação: 11 de março de 1851, Veneza, Teatro La Fenice.

A história se desenrola no ducado de Mântua, em época renascentista. No meio de uma festa lasciva, organizada pelo duque de Mântua (T), chega o conde Monterone (Bar) para defender a honra de sua filha seduzida. Lança sua maldição sobre Rigoletto (Bar), o bufão da corte, que não hesitou em escarnecê-lo sem cerimônia. Na realidade, Rigoletto fica abalado, pois também tem uma filha (que ele mantém escondida), Gilda (S). Não sabe que os cortesãos, acreditando que se trata de sua amante, espiam suas visitas à jovem, e também ignora que esta é apaixonada justamente pelo duque, arrogante playboy que se apresentara a ela sob disfarce.

Sem se dar conta, Rigoletto se torna cúmplice do rapto da filha, depois seduzida pelo duque. O corcunda recorre então ao sicário Sparafucile (B), decidido a se vingar. O duque, atraído para uma armadilha pela encantadora irmã do bandido, Maddalena (A), sairá ileso, ao passo que quem se sacrifica, deixando-se matar, será justamente Gilda, apesar de tudo apaixonada pelo seu sedutor.

Quanto mais aplaudimos hoje, considerando-a até paradigmática, esta celebérrima ópera, mais rumor e escândalo ela criou quando foi apresentada. E, antes mesmo de ir à cena, causou muitas atribulações ao compositor — então com 38 anos —, perturbado pelas perseguições da censura.

Primeira ópera da chamada "trilogia popular" (entre 1851 e 1853, completada por *La Traviata e Il Trovatore*), *Rigoletto* desloca os termos tradicionais da ópera: se o primeiro protagonista do melodrama, no início do século XVII, era um semideus (Orfeu), Verdi, dois séculos e meio depois, faz cantar um corcunda, um bobo da corte. Esta já é uma pequena revolução. A mais importante, porém, efetuada por Verdi, está na unidade dramática: de fato ele consegue realizar, a partir de *Rigoletto*, um evento teatral que constitui um todo coerente, e a coesão lógica entre as partes é realizada com meios exclusivamente musicais, ao longo de todo o arco da partitura. Além disso, os caracteres dos personagens são delineados através do confronto, da contraposição entre eles, em função do conjunto. Portanto, *Rigoletto* abre caminho a uma nova poética, que privilegia — nas árias — duetos, tercetos, ou então trechos ainda mais articulados, com mais solistas e o coro.

O libreto, escrito por Francesco Maria Piave, é baseado no drama de Victor Hugo *Le roi s'amuse* (O rei se diverte), representado em Paris em 1832. Verdi captou toda a humanidade positiva e ao mesmo tempo negativa transmitida pelos personagens e fez o projeto de musicar a história, inicialmente sob o título de *La maledizione*. Longamente pensada, mas composta por Verdi em pouco menos de um mês e meio, *Rigoletto*, após infinitas vicissitudes com a censura e algumas concessões, foi apresentada pela primeira vez em Veneza, em 11 de março de 1851, obtendo um grande sucesso. O fio condutor da ópera é o drama psicológico do protagonista, cujos sentimentos profundos e perturbadores encontram uma correspondência em música. Um personagem, escreve Gustavo Marchesi, "grande demais para ser grotesco e grotesco demais para não antecipar as lágrimas e as risadas trocistas do Verismo".

AÍDA

Ópera em quatro atos, de Giuseppe Verdi. Libreto de Antonio Ghislanzoni (a partir de uma ideia de Auguste Mariette, reelaborada por Camille Du Locle em colaboração com Giuseppe Verdi). Primeira apresentação: 24 de dezembro de 1871, Cairo, Teatro da Ópera.

A história se desenrola no antigo Egito. Chega a Mênfis a notícia do avanço do exército etíope, e Radamés (T), jovem comandante da guarda, gostaria de conduzir as tropas egípcias: se voltar vencedor, poderá desposar Aída (S), a escrava (ou melhor, a filha do rei etíope Amonasro) que ele ama. O rei do Egito (B) lhe anuncia que ele foi escolhido e o convida a receber as armas sacras. *Ritorna vincitore*, canta Aída, dividida entre o amor pelo jovem e a angústia pelo seu povo. Amnéris (Ms), a filha do rei, tendo compreendido o nascente amor entre Aída e Radamés, jura se vingar, porque também é apaixonada pelo guerreiro. Em seu retorno triunfal, Radamés pede ao soberano que os prisioneiros etíopes sejam libertados. O rei aceita e, por gratidão, oferece-lhe a mão de sua filha Amnéris, mas mantém como reféns Amonasro e Aída, por medo de vingança.

Aída, desesperada, vai ao encontro de Radamés às margens do Nilo. Mas antes do jovem chega Amonasro (Bar): o rei etíope convence a filha a fazer Radamés revelar a ela o itinerário secreto que o exército egípcio seguirá no dia seguinte. Assim acontece, mas Amnéris surpreende os três, e Radamés, para proteger a fuga de Aída e de seu pai, se rende sem opor resistência. Amnéris propõe a Radamés o perdão, desde que ele renuncie a Aída. Como o guerreiro se recusa, os sacerdotes o condenam a ser sepultado vivo. Encerrado no templo de Vulcano, ele ainda pensa na amada. Mas uma voz se ergue na escuridão: é Aída, que se fez emparedar viva, para morrer ao lado dele.

Aída, uma das óperas mais executadas nos teatros de todo o mundo, foi encomendada a Verdi pelo vice-rei egípcio Ismail Paxá (o qual desejava dar aos seus súditos uma "ópera nacional"), provavelmente também para a inauguração do canal de Suez, mas sobretudo para a abertura do Teatro da Ópera do Cairo (as datas são quase coincidentes). De qualquer modo, a ópera estreia na véspera do Natal de 1871, portanto com um ano de atraso, já que cenários e figurinos deviam vir de Paris, e a capital francesa estava isolada pelo assédio dos prussianos.

A trama de *Aída*, inventada pelo egiptólogo Mariette Bey, agradou ao quediva do Egito e em seguida foi proposta a Verdi como possível tema de ópera através do libretista Camille Du Locle. O tema de *Aída* atraiu imediatamente o compositor. O qual, porém, fez uma série de modificações na história, por exemplo reduzindo a responsabilidade de Radamés (na trama original, ele na verdade era quase um traidor).

Além disso, o libreto de Du Locle era em francês. Verdi recorreu então a Antonio Ghislanzoni, crítico musical com passado de barítono, e sob um regime tirânico de duas ou mais cartas por semana obrigou-o a redigir um libreto que o compositor estava, ele mesmo, compondo em boa parte, em sua casa de Sant'Agata. Existem cartas nas quais Verdi impõe verdadeiras regras sobre como escrever e o quê. Por exemplo, quanto à célebre *Marcha triunfal*: "a entrada das tropas com todos os equipamentos de guerra, bailarinas que levam vasos sacros, coisas preciosas etc. Animadoras que dançam, e finalmente Radamés... Mas preciso que você me ajude, fazendo o coro cantar um pouco as glórias do Egito, um pouco as de Radamés...".

O êxito da estreia no Cairo (dirigida por Giovanni Bottesini) foi triunfal. Na Itália, a *première* aconteceu no Scala de Milão em 8 de fevereiro de 1872, sob a direção de Franco Faccio.

Aída, a ópera "egípcia" de Verdi, devia ser, quando veio à luz, a última grande experiência lírica do compositor de Busseto, que na época estava com quase 60 anos. No interior dos quatro atos que a compõem, triunfos, bailes, desfiles de escravos, grandes cenas nas quais encontramos exércitos prontos para a guerra, e até (às vezes) cavalos e elefantes, e também traições por amor, danças propiciatórias e muito mais. Em suma, um grande espetáculo, faustosíssimo (não por acaso, falava-se de perspectiva italiana da Grand-Opéra francesa), mas também uma obra cheia de novidades e substância musical, oriunda de um musicista já chegado à plena maturidade.

Com *Aída*, Verdi tenciona demonstrar ser capaz de uma grande variedade de atitudes, passando das grandiosas cenas de conjunto aos indivíduos, das paixões coletivas ao drama íntimo. Tal exigência o estimulou a cuidar da extrema variedade de situações da ópera, a fim de amalgamar partes bem diferentes entre si. Em relação aos precedentes esquemas verdianos, que visavam a uma absoluta preponderância do elemento vocal, *Aída* representou uma guinada, porque o uso da orquestra se tornou muito mais incisivo e importante.

Naquela época, Verdi sentia a exigência de confrontar seu grande rival Richard Wagner... Contudo, ainda não podia sofrer consistentemente a influência dele, visto que as óperas do grande compositor alemão só chegariam à Itália nos anos seguintes. Verdi conhecia-lhe algumas partituras, e, por mais que tivesse ficado fascinado, considerava-se muito distante da concepção do Mestre de Leipzig. E sobre esta suposta incompatibilidade permaneceu meditando dezesseis anos, antes de compor uma nova ópera (*Otello*).

Em *Aída*, todos os que se opõem às razões do poder para sustentar a própria individualidade são esmagados: a protagonista, que sonha eludi-las em uma fuga impossível; Radamés, que involuntariamente as trai e disso lhe resulta a morte; Amnéris, que acredita servir-se delas para suas tramas e é sobrepujada. Verdi destrinça tal emaranhado de paixões com soberba lucidez, descobrindo inesperados pontos de contato entre impulsos coletivos e tumultos individuais, golpes de cena da história e guinadas trágicas do destino de uma mulher.

Talvez, não por acaso, o batismo italiano de *Aída* viu no papel da protagonista, Teresa Stolz, que ela provavelmente teve um complexo caso de amor com Giuseppe Verdi, casado com Giuseppina Strepponi. Portanto, é plausível uma implicação biográfica na opção de Verdi por cantar a dor e a laceração de uma relação triangular: não como habitualmente no melodrama, no qual encontramos dois homens apaixonados pela mesma mulher, mas em que duas mulheres amam o mesmo homem. O resultado é uma obra-prima entre as mais completas e equilibradas da obra verdiana, com muitos temas caros a Verdi, tais como o patriotismo, a tensão ideal, a paixão violenta, aqui unidos numa só trama sonora, coerente e atentíssima à densidade psicológica das personagens.

Os quatro atos da ópera são escandidos (à exceção do terceiro) em duas cenas e equilibradamente divididos entre momentos de luz e sombra. Muitas vezes a música recorre a formas fechadas tradicionais, mas realmente parece que, assim que possível, Verdi abre espaço aos números de conjunto, nos quais dá voz ao conflito.

Em *Aída*, Verdi consegue fundir estilos heterogêneos, às vezes contrastantes, com extraordinárias habilidade e leveza. O desfecho da ópera e dos seus protagonistas delineia bem o caráter de novidade na dramaturgia verdiana: durante anos, ele interrogou o problema da morte e da dor e a diferença entre utopia e realidade. Durante anos, exaltou todo valor terreno, todo ideal, toda paixão que sempre, tragicamente, desaparece no vazio da morte. Ao passo que, aqui, Verdi canta o doce entorpecimento da morte, o momento em que toda dor se extingue, e que talvez encontre consolo numa secreta esperança de um prosseguimento ultraterreno.

Para a popularidade de *Aída* certamente contribuíram melodias faustosas como a *Marcha triunfal* ou romanças tradicionais como *Celeste Aída*; mas seu sucesso não reside tanto na "facilidade" da linguagem musical quanto na elevadíssima tensão dramática que a anima. O próprio Verdi, levado a uma comparação entre *Don Carlos*, de 1884, e *Aída*, respondeu: "Em *Don Carlos* talvez haja alguma frase, algum trecho de maior valor do que em *Aída*; mas em *Aída* há mais eficácia e mais (desculpem a palavra) teatralidade."

LA BOHÈME

Ópera em quatro quadros, de Giacomo Puccini. Libreto de Luigi Illica e Giuseppe Giacosa (inspirado em *Scènes de la vie de bohème*, de Henri Murger). Primeira apresentação: 1º de fevereiro de 1896, Turim, Teatro Regio.

Primeiro quadro — Na fria mansarda onde vive com Marcello (Bar), Colline (B) e Schaunard (Bar), o poeta Rodolfo (T) contempla o panorama de Paris. Depois de gracejar com os amigos — e de zombar em uníssono do velho dono da casa, Benoît (B), que veio cobrar o aluguel —, deixa-os sair prometendo segui-los assim que terminar de escrever um artigo. Mas é interrompido pela chegada de Mimi (S), a vizinha de frente... E é uma paixão fulminante.

Segundo quadro — Estamos no alegre vaivém natalino do Quartier Latin, em Paris. No Café Momus, Rodolfo apresenta

Mimi aos amigos, e dá a ela uma touquinha rosa. Enquanto isso, Marcello reconquista o amor de Musetta (S), jovem um tanto excessivamente desenvolta, mas — como logo compreenderemos — de boa índole, que se apresenta no local em companhia de um novo e idoso amante, Alcindoro (B).

Terceiro quadro — É fevereiro, estamos na Barrière d'Enfer, na periferia da capital francesa: Mimi, abandonada por Rodolfo aparentemente por ciúme, pede ajuda a Marcello. Este último vem a saber pelo próprio Rodolfo que Mimi está muito doente, e muito mal para compartilhar a penúria da vida de artista que eles levam. Por isso, para lhe oferecer a possibilidade de uma vida melhor, Rodolfo a deixou. Mas Mimi, escondida, ouve o diálogo entre os dois amigos. E um acesso de tosse trai sua presença. Então os dois amantes se abraçam novamente, mas a separação é apenas adiada.

Quarto quadro — Voltamos à mansarda parisiense, onde Rodolfo e Marcello se confidenciam a saudade de suas amantes, que eles já não veem. Reunidos mais uma vez, os quatro rapazes tentam esquecer — brincando entre si e até encenando danças e duelos — sua triste situação. De repente entram Musetta e Mimi. Esta última está agonizante. É deitada na cama, Musetta sai para lhe comprar luvas, Colline vai empenhar seu capote, Marcello vai chamar o médico. Tendo ficado sozinha com Rodolfo, Mimi recorda mais uma vez o amor entre eles e morre pouco depois.

É uma história romântica, transbordante de musicalidade e paixão. Uma ópera comovente, mas às vezes também muito divertida. Música um pouco verista, um pouco impressionista e um pouco romântica, acompanha o espectador na Paris de 1830, contando a história triste e dulcíssima de Rodolfo e Mimi: o casal de apaixonados mais amado de toda a literatura do teatro musical. Personagens cotidianos e ao mesmo tempo heróis operísticos, que através de suas maravilhosas melodias nos recordarão como o amor, por sua natureza, jamais pode ser banal. *La Bohème* é uma ópera original também em virtude do tema tratado: não encontraremos as costumeiras intrigas amorosas e tampouco personagens "maus". O destino entra em cena sob a forma de uma doença, a tuberculose. Uma tragédia crível, que não deixa de comover e apaixonar. Um título que representa um momento crucial entre o moribundo século XIX e o XX, e o início da ópera contemporânea.

O termo "bohémien" indicava, na Paris oitocentista, um estudante pobre ou supostamente tal, amante dos prazeres noturnos, das bebidas e das novidades em matéria de costumes e de arte. Com frequência o *bohémien* tinha ideais artísticos e políticos aos quais nunca renunciava, e, à diferença do dândi, não cuidava da aparência e preferia a espontaneidade ao autocontrole.

O escritor francês Henri Murger deve sua fama a um único trabalho: justamente o romance em folhetim *Scènes de la vie de bohème*, publicado na revista "Corsaire" a partir de 1844. Na época, o autor tinha apenas 22 anos. Em 1850 é realizada uma adaptação teatral em cinco atos, parcialmente cuidada pelo próprio Murger. O sucesso foi tal que o romance saiu publicado em volume, obtendo a aprovação entusiástica de intelectuais e escritores (inclusive do calibre de Victor Hugo). Toda a história é autobiográfica: o autor havia extraído de sua própria experiência de vida os lugares e os personagens masculinos, ao passo que as figuras de Mimi e Musetta foram criadas no papel. A crítica literária vislumbrou no romance um dos primeiros exemplos daquele naturalismo narrativo que, desde meados do século XIX, havia inaugurado a fase áurea do romance francês.

Já colaboradores de Puccini em *Manon Lescaut*, Luigi Illica e Giuseppe Giacosa realizaram o libreto da *Bohème*. Dois literatos que, junto ao próprio compositor, formavam um trio de amigos e, de algum modo, de *bohémiens*: a poucos metros de sua casa de Torre del Lago, Puccini instituiu — com sede num barracão de madeira — um clube de "folgazões" chamado justamente *La Bohème*.

Já por si mesmo, o libreto é uma obra-prima. Sua estrutura (afora o subsequente tratamento sonoro pucciniano) é construída através da rápida e eficaz sucessão de cenas, diferentes pelos episódios nelas contidos, mas ligadas entre si por um fio condutor. Não por acaso, não se fala de "atos", mas de quadros, de flashes sobre um fundo de tons variegados, dentro de uma sólida moldura, que começa em uma mansarda parisiense e acaba na própria. As quatro partes se seguem com um perfeito equilíbrio: os dois primeiros quadros são vivazes, despreocupados; o terceiro e o quarto, tristes, melancólicos.

APÊNDICE

Ninguém descreveu a vida das ruas parisienses de maneira tão realística quanto Puccini. A música se move (no segundo quadro) em torno do Café Momus como a câmera de um diretor de cinema: são focalizados alternadamente rostos, situações, cenas cotidianas... A escrita pucciniana não para de surpreender pelo frescor da linguagem, pela impetuosidade do desenvolvimento da ação, pelo fascínio de uma trama instrumental que pinta com precisão cada detalhe dramático, cada ambiente descrito, cada personagem.

A originalidade da ópera já se encontra na escolha do assunto. Escolha moderna e corajosa, pois antes nunca havia sido narrada na cena lírica a vida de todos os dias. Um "cotidiano" descrito musicalmente com extraordinário senso teatral, e também com um jogo de realce, por enquadramentos, deste ou daquele personagem, que justamente a posteriori parece premonição da nova arte do século XX, o cinema.

Mimi é uma figura luminosa. Impossível não ficar envolvido pelo seu destino de felicidade e, depois, infelicidade, pelo seu sonho aflorado e perdido... É um novo tipo de heroína, e testemunha o fato de que o melodrama virou a página: no final do século, os gigantes wagnerianos mas também os heróis verdianos abrem espaço aos arrepios sentimentais das pessoas comuns, aquelas com as quais podemos topar na rua.

Impresso no Brasil pelo
Sistema Cameron da Divisão Gráfica da
DISTRIBUIDORA RECORD DE SERVIÇOS DE IMPRENSA S.A.
Rua Argentina 171 – Rio de Janeiro, RJ – 20921-380 – Tel.: 2585-2000